60代、ひとり暮らしのはじめかた

ぜんぶ捨てて、人生後半が輝きだした

ハナ子

KADOKAWA

ハナ子のミニマルな暮らし

住み慣れた北海道を離れ、60代で縁もゆかりもなかった東京で、ひとり暮らしを始めた私。52歳でシングルに戻ってからの10年間、実家、思い出の品、安定した仕事など、ありとあらゆるものごとを片付け、手放しました。今、手元に残しているものたちを紹介します。いつでも「次の場所」に行けるよう、できる限り身軽でいたいものです。

念願のフランス旅行でも、お土産はほとんど買いませんでした。自分用に何種類か買ったお気に入りのハーブティーを淹れるひとときは、豊かな香りに包まれほっとします。

大切にしていたグランドピアノの鍵。愛着のあるピアノは、離婚して家を出るときに持って行きたかったのですが、置き場所がなくあきらめて売却しました。その後、この鍵が出てきたのです。ものを持たない私が、これだけは捨てられないでいます。

レトロで素敵なクッキー缶は、以前から狙っていたもの。たくさんあった祖父母と父と母の写真は、本当に残しておきたいものだけ、この缶に入るだけの量に減らしました。

家族を想う形はさまざま。わが家には仏壇も位牌もありませんが、気に入っているこの写真立てに、亡くなった妹や両親の写真を入れようと思っています。

東京に来てから、本は３分の１の量まで減らし、CD はすべて手放しました。本棚代わりのコンテナ１台に収納。この中にフォトアルバムも収めています。

北海道から持ってきた､大切な本３冊。右から､『多くの人が､この本で変わった。』『津留さんが、心から伝えたかったこと。』（ともに津留晃一・著)。『料理ぎらいの料理の本』（今田美奈子・著)。この本に紹介されているカツオだしのおでんのレシピは、世界一の美味しさです。

たくさんあった子供の写真も厳選して、今手元にあるのはアルバム１冊と、ディスク４枚分のホームビデオや動画だけになりました。

問いかけるといつも答えをくれるオラクルカードは、私にとってなくてはならないもの。この３種類をよく使っています。ダニエル・ノエルという画家の挿絵が好きです。

食器棚は持っていません。キッチンのシンク上の吊戸棚２段にお皿や保存容器を収納。レンジフードの隣の棚は油っぽくなるので何も入れていません。

日常使いの器は、シンク下のストレージにまとめています。これでも、娘が来てから増えました。

家電も必要最低限にしているため、トースター横のスペースは空いています。ゴミ箱は籐のかごが気に入っていましたが、カビが生えてしまったため、捨てられる紙袋を使うようになりました。

調理道具は立てて収納。ボックス上段のライスストッカー（米びつ）は近所の100円ショップで買った5キロのお米が入るプラスチック製。次の引っ越しのことを考えて、素敵なガラス製はやめました。蓋がゆるめなので開ける度にしっかり閉めて、唐辛子で防虫しています。

アウターは4シーズンでこれだけ。クローゼットの中の桐のたんすには、母が集めた着物が入っています。ものがいいだけにたんすも着物もなかなか処分できないのが悩みの種。

ニットやカットソーは半透明の引き出しボックスに収納。毎年買い替え、少ししか持たないので常にスペースに空きがあります。

かさばる冬物のセーター類も、引き出しひとつに収まります。

娘たちに学習机を買うとき、長く使えるものにしたいと考えて選んだデスク。二人に同じものを買いました。今あるのは長女が高校を卒業するまで使っていたもの。引き出しの中は、娘が子供の頃描いた落書きがいっぱいです。

エレガントなホルダーのついたリファのドライヤーは、いっしょに住み始めた次女が持ってきたもの。髪がサラサラツヤツヤになるのが気に入っています。

はじめに――人生に奇跡を起こす方法

暮れも押し詰まった２０２３年12月29日。

朝起きていつものようにスマートフォンを手に取った私は、

「え？」

と小さく声を上げてしまいました。

これ、どういうこと――？

ただならぬ気配を察した娘も起きてきて、いっしょに画面を覗き込みます。

そこに映し出された私のインスタ投稿には、見たこともない数の「♡（いいね）」がついていました。しかも、その勢いが止まりません。

「え――――!?」

二人で声をそろえて叫んでしまったことが、今でも忘れられません。

はじめまして。そして、いつもインスタグラムをご覧いただいているみなさん、ありがとうございます。「ハナ子」です。

2023年10月より、インスタグラムのアカウント「ハナ子―バツイチぼっち60代はじめての東京暮らし」で、日々の暮らしや気づきを発信しています。この文章を書いている時点で、フォロワー数は8・6万になりました。

このアカウントで投稿を始める少し前、私は大きな不安と恐れの中にいました。

実家も、大量の荷物も、何もかも捨てて身ひとつになって、住み慣れた北海道から初めての街・東京へ引っ越したこと。

仕事も、お金もないこと。

さらに、年齢は60歳を超えていたこと。

今思えば、無謀としかいえません。本当にこの方向に進んでいいのだろうか。戻れるなら戻ったほうがいいのかもしれない――。

自信なんてひとつもありませんでした。それでももう、今までの生活を続ける選択肢は、自分の中には残っていなかったのです。

動き出した流れに身を任せ、私は東京で暮らし始めました。そして今、「ハナ子」としてみなさまと体験や思いをシェアし、自分のやりたいことだけをやって、心から満足のいく生活を送れています。

今も、不安や迷いがまったくなくなったわけではありません。それでも自分自身から湧き上がる思いを信じたのは間違いではなかったと、心から思えるのです。

私のインスタグラムには、毎日たくさんの方がメッセージをくださいます。

「私もハナ子さんのように思い切って行動したいけれど、勇気が出ません」

「なぜ縁もゆかりもない場所に移ることができたのですか？」

そこで、インスタグラムでは詳しくお伝えしてこなかった私の過去や決断についても、みなさまとシェアしたいと思うようになりました。

本書では、私が52歳で夫と離婚してから61歳で実家を売却し、東京でインスタグラムの「ハナ子」になるまでのおよそ10年間についてお話ししています。私はこれを、「浄化の10年」と呼んでいます。

夫婦関係や実家だけではありません。住まい、大切にしていたグランドピアノ、人間関係、仕事、恋——この10年間で数えきれないほど多くのものを手放し、代わりに新しい生活を手にしました。
そこにどんな出来事や思いがあったのか、みなさまにお伝えしたいと思います。

過去と向き合い、さまざまなものを手放すときには、スピリチュアルの世界の学びが大きな助けになってくれました。本書ではそのことにも少し触れています。
ヒプノセラピーやグラウンディングなど、少し耳慣れない言葉も出てきますが、今も私の行動や選択の指針となってくれている大切なことなので、よかったら耳を傾けてくださるとうれしいです。

私は恐れも迷いもあるごく普通の人間です。でも、自分を幸せにしてあげたいと心から思っています。その思いを素直に受け止めれば、人生には奇跡が起こるのだと思います。

あなたの人生が素晴らしいものになりますよう、祈りを込めて。

ハナ子

60代、ひとり暮らしのはじめかた

ぜんぶ捨てて、人生後半が輝きだした

もくじ

第2章

50代で父と母に向きあう

第3章　実家を手放す

第4章 モノ、仕事、これからの暮らし

第5章 ニュートラルに生きる

撮影　林ひろし
ブックデザイン　高瀬はるか
DTP　富宗治
レタッチ　関口五郎（オフィス・ルート56）
校正　麦秋アートセンター
編集協力　小嶋優子

第1章

手放して幸せになる

安定した暮らし、居心地のいい家。
捨てるのは怖かったけれど
もっと怖かったのは
「やるべきことをやらずに一生を終える」ことでした。

新しいものがほしければ、今持っているものを手放す

手放さなければ、新しい人生は手に入れられなかった。

ここ・東京に来るまでの日々を振り返ると、改めてそう思います。

「60代で初めて、東京でひとり暮らしをする」

このインスピレーションを現実にすることができたのは、あらゆるといっていいほど多くのものを手放してきたからだと思うのです。

もともと私は、まったく自分の気持ちを優先できないタイプの人間でした。

それはたぶん、私に対して支配的だった父や母の影響だったのでしょう。

母の口癖は「口答えはやめなさい」。小さい頃からそう言われると逆らえず、自分の意見を言うことは悪いことという思い込みに変わっていったように思います。

我慢するのは当たり前。我慢すれば、母に「偉かったね」とほめてもらえました。だけどそれは、とてつもなく居心地が悪く、泣きたくなるほどみじめでした。大人になってからは仕事も、誰かのサポートをすればいい、自分は表に立って意見を述べてはいけないのだと長い間信じていたのです。

最初に手放したもの

夫との出会いは20代の終わり、秘書として働いていた病院でした。彼が私の勤務先に研修医として派遣されてきたのです。

穏やかで、口数が少ないけれど温かい雰囲気のある彼を、私はすぐに好きになりました。

夫はその後、地方の病院の勤務医として忙しく働きました。経済的には安定していたので、札幌市内の見晴らしの良い場所に三角屋根の家を建てました。二人の娘にも恵まれました。

傍目《はため》には何不自由なく、幸せそうに見えたに違いありません。けれども……。

私が40代の半ばを過ぎ、娘たちが中学に入学した頃から、言いようのない寂しさと焦燥感に襲われるようになったのです。

「やるべきことを、やっていない」という感覚……。

でも、私は何をやるべきなのか、何をやっていないのか、さっぱり解《わか》らないのです。

加えて「いつも私だけが」という思い。

家族のためにどんなに頑張っても、感謝のひとつもしてもらえないという寂しさに苛《さいな》まれていました。家事は完璧で当たり前。完璧でなければ文句を言われる。そんな思い込みまでありました。

「今日は家で映画を観ながらご飯を食べよう」というときも、食事のしたく、後片付け、お風呂の用意……ずっと立ち働いているのはいつも私。

私だって映画が観たい、私だってゆっくりしたい、私だってみんなと一緒に座っておしゃべりしていたい。

けれどもそれを自分に許すことが出来ませんでした。

皆のために忙しく働いていないと「存在価値がない」と思っていたのです。

私はたくさんの不平不満を抱えながら、日々を過ごしていました。

木のぬくもりを感じる美しい家、使い勝手の良いモダンなキッチン。豊かな緑に囲まれながらも、私は次第に「いつもひとりぼっちだ」という思いを募らせていきました。


もう、この家にいたくない。

だからといって、苦手な親の家に帰ることなどできるわけがない。

「私はどこにも行く場所がない」

その思いに耐えられなくなると、私は街中をひとり車を走らせながら、泣きました。

どうすればいいんだろう――。

そんなある日、私の心にある言葉が響きました。読んでいた本の一節でした。


「コンフォートゾーンを出ろ」

コンフォートゾーンとは、ストレスや不安を感じずに過ごせる安全な領域を言います。

当時は助けを求めて潜在意識やスピリチュアル系の本を片っぱしから読んでいたので、そのどれかに書いてあったのだと思います。

「ぬるま湯を出る」という言葉も胸に刺さりました。

コンフォートゾーン？

ぬるま湯？

確かに、今私が居るところはぬるま湯なのかもしれない。

ご飯を作って、ぼんやりして、片付けて、子どもや夫を車で送って、迎えに行って、毎日がその繰り返し。

安定した暮らしと言えばそうかもしれないけれど、こんなにも苦しい。


私、このままでいいのかな。

何か大切なことを忘れているんじゃないかな。


思いがだんだんと高まるにつれて、家の中にあるものを片付けることを始めたのです。

いつか来るその日のために。

はじめはひな人形、そしてクリスマスツリー、家族の写真、本、ＤＶＤ、洋服、ゲーム、使わなくなったプロジェクター、食器、そして次は――？

次は何を整理しよう？　と考えたとき、会話もしない、ＬＩＮＥで連絡を取り合うだけの冷え切った夫婦関係が浮かびました。

私はまず、安定した暮らしを手放すことを決めたのです。

52歳で離婚

夫から見ると、私は〝特技も資格もない専業主婦〟。夫が稼いできてくれたお金で生きている女。そんな私からの離婚の申し出は、夫には青天の霹靂《へきれき》だったようです。

ですが夫にも思いあたるところがあったのかもしれません。突然の申し出だったにもかかわらず、素直に受け入れてくれました。

「怖い女だな。お前は」

それが彼の本音だったと思います。けれど、「これからどうやって生きていくんだ?」と聞かれ、私は「それは……」と口ごもるしかありませんでした。


当時、私は52歳。この歳になって生活のあてもなく離婚しようなんて、頭がおかしかったんじゃないかと、我ながら思います。

もちろん、安定した暮らしや現状維持を捨てるのは本当に怖かった。でもそれ以上に怖かったのは「やるべきことをやらずに一生を終える」ということでした。

その焦燥感がどんどん高まってきて、身も心も押しつぶされそうになったとき、突き動かされるように行動したのです。


離婚の手続きを進めるうちに、私は夫と別れても生きていけるらしいことがわかりました。

法的な相談を無料で受け付けてくれる「法テラス(日本司法支援センター)」に行ってみ

たら、「養育費は請求できますよ」と、弁護士さんに教えてもらえたのです。

私はアパートに引っ越し、まだ高校2年生だった次女と二人で暮らすことにしました。

そして、21年間連れ添った夫と別れ、愛着のある住まいを売り、大切にしてきたグランドピアノと車は生活費に換えてしまったのでした。


身のまわりから、いっぺんにたくさんのものが消えてしまった――。

この後、私はどうなるのだろう？

その頃は不安しかありませんでした。

「手放し」の3つのステップ

手放すということには、3つのステップがあると思います。

1つ目は、自分の望むものであるかどうか「**気づく**」こと。

2つ目は、手放そうと「**決める**」こと。

３つ目は、実際に何らかの方法で手放すという「行動」。

人は持てる量が決まっていて、**抱え込んでいるものを手放せば、そこに空間が出来て新しいものが入ってくる**という法則を、私は信じています。

私がこれまで行ってきたことや起きたことのすべては、新しいエネルギーを迎えるための準備でした。

たとえば、

■離婚の３ステップ

①夫との明るい未来が見えなくなったと↓**「気づいた」**

②ぬるま湯を出ると↓**「決めた」**

③離婚した↓**「行動」**

■引っ越しの3ステップ

① このまま居ても楽しめないと↓「気づいた」

② 札幌を離れると↓「決めた」

③ 引っ越した↓「行動」

人のエネルギーが100あるとします。そのうちの多くを、例えば80を、「不安」「恐怖」「怒り」「悲しみ」「後悔」「罪悪感」「自己否定」などに使っていたとしたら、残りは20になってしまいます。本来あるべきパワーが奪われて発揮できない状態です。

その状態で何かを頑張っても、自分より強いパワーの人たちに勝てるわけがありません。

何かを「頑張りたい」「成し遂げたい」と思ったときは、まずネガティブな思い込みのクリアリング（手放し）をひとつでも二つでも済ませて、エネルギーをアップしてから行動に移すと上手く行くと思うのです。

変化のとき

しばらくして次女も関西に進学し、私は完全にひとりになりました。その頃、私は離婚までしてコンフォートゾーンを出たのに、これから自分がやるべきことを明確に出来ないまま過ごしていました。

ネットの起業塾に入りましたが、そこで教えてくれることが天職とは思えず、また、ワインも勉強しましたが、その知識をもとにレストランで働く情熱もありませんでした。

――これから何をしたらいいのだろう？――

そう思ったとき、私は、近所だった北海道神宮を散歩しながら、神様たちに聞いて回ったのです。

「私の経験を生かして社会に貢献できることは何ですか？」と。

いつか答えがもらえるような気がしました。

何かを尋ねるといつも「おみくじ」という形で、そのときに必要な答えを受け取っていたからです。

けれども私は、長い間、答えを受け取ることはありませんでした。

そして、もうひとつ私の中に芽生えた思いがありました。

それは、父と母を「幸せにして見送ってあげたい」という気持ちでした。

その頃、夢を見たのです。

真っ暗な中で雨に打たれている父と母と妹の姿がありました。

「彼らはあの暗闇の中にいる」と思いました。

同時に「私だけが幸せになるわけにはいかないのだ」と悟ったのです。

私が見ていた親の姿は、いつも喧嘩をしている姿でした。若い頃は母も反論し、大声で言い争っていました。そして実家が嫌いで寄り付かない娘の私と孫、早逝した妹のことを思い出しました。

そのとき、今までになかった感情がワーッと押し寄せてきて、初めて父と母を哀れだと思ったのです。

私は実家に帰ることを決めました。

1年くらい同居したらまたひとり暮らしに戻ろうと同居前は思っていましたが、実際は、実家を出るまで8年という長い年月がかかることになりました。

「親嫌い」が及ぼす影響

私のもとにはときどき、親を赦《ゆる》せないというフォロワーさんからのメッセージが届きます。

私はその気持ちがとてもよくわかります。

でも、そのままにせず、少しでも向き合ってほしいというのが私の願いです。

なぜなら両親との関係は、思いもよらないところまで影響するからです。

恋愛や結婚では、知らず知らずにパートナーに親のフィルターをかけてしまいますし、子どもは親子関係を映し出す鏡です。そしてなぜか「豊かさを受け取る」ということについても親の影響は及ぶのでした。

私の場合は父親や母親との関係が改善することで娘たちとの関係が変わり、お金の問題まで解決しました。

10年で手放した大切なもの

離婚してからの10年で、私は年老いた母を見送り、実家を片付けて売却し、次いで、父を見送りました。

東京に来た今の私に残っているのは、娘二人とわずかな荷物だけです。

振り返ってみると私にとってこの10年は、自宅や実家じまいという物理的な大きな手放しと、心の中の〝ネガティビティ（ネガティブな思い込み）〟の手放しに取り組んだ、「浄化の10年」だったと思います。

過去の思い込みを手放す

夫と離婚し、次女と小さなアパートで暮らし始めて2年が経った頃、実家で父と二人暮らしをしていた母は、すでに介護を受けていました。

ある日、母のケアマネジャーさんから連絡を受けました。


「お母様の認知症が進んでいます」


実家に帰るのが嫌でアパート住まいをしていた私ですが、「ああ、とうとうこのタイミングが来たのだな」と思いました。不思議と、実家から離れて暮らす私自身の状況とシンクロしていたからです。

当時は、次女が関西の大学へ進学して私はひとりになっていました。

娘を手放し、避けてきた両親との関係に向き合う時期が来たのかもしれません。ちょうどその頃に母についての連絡を受け、トントン拍子に実家に住むことが決まったのでした。ですからこのときが、私にとっては、長年やり残していた大きな宿題に向き合うベストタイミングだったのでしょう。

実家に帰ることは、私にとって過去に向き合うことでした。もしここでしっかり過去の手放しをしていなければ、たぶんその後東京へ行くことはなかったと思います。実家をそのままにして引っ越すわけにはいきませんし、心の中にいろいろなものを抱えたままでは、次の一歩に進めなかっただろうと思うのです。

恥ずかしい話なのですが、介護が必要になった両親の住む実家は、当時、粗大ごみや不用品の巣窟《そうくつ》のようになっていました。その実家の片付けをしながら、私は自分が抱えている問題についても一つひとつ向き合っていきました。

といっても、私自身が抱える問題は、ごみやガラクタと違って、紐《ひも》でくくってポイと捨てられるものでもありません。ではどうするのかというと、まず自分が感じていることに気づき、「なぜそう感じるのか」という理由を探っていくのです。

すると、そこには必ず何かしらの原因が隠されています。それは、知らぬ間に心にため込んできた「思い込み」といってもいいかもしれません。

たとえば、

「お金のことを口にするのはよくない」

「女の子はおしとやかにしていないといけない」

「口答えをしてはいけない」

といった思い込みを、人は無数に抱え込んでいます。そうした思い込みによって、その人の世界は作られているのです。

でも、自分の中での思い込み＝固定観念を見つけて「この思い込みは今の自分にはもういらない」と思えれば、それを手放して自由になれるのです。

ヒプノセラピー（催眠療法）との出合い

ただ、私の思い込みはたくさんあるうえに複雑だったので、〝手放し〟は簡単ではありませんでした。そこで助けになってくれたのが、スピリチュアルの本を読む中で出合った「ヒプノセラピー（催眠療法）」でした。

ヒプノセラピーとは、超リラックス状態＝脳波からα波が引き出されている状態になって、心が過去へ戻ったり、あるいは胎内記憶やもっと前の記憶にアクセスする心理療法のことをいいます。私は、実家の片付けをしながら、先生についてその心理療法を学びました。

信じていただけないかもしれませんが、ヒプノセラピーを行うと「そういえば小さいときにこんなことがあった」「前世ではあの人とこんな関係だった」という遠い記憶が、まるで古いモノクロ映画を観るように脳内で再生されました。苦しかった記憶をもう一度味わうのはとても辛《つら》い体験ですが、そういった過去や前世と向き合ううちに、「だから夫との離婚を決断したんだ」「だから私は親が苦手なんだ」といった理由が、とてもよくわかったのです。

そして「現実世界で起きている出来事は、必ず自分の中に原因や理由がある」ということに気がつきました。

生きづらさを感じる人は、深いところにある過去の記憶に囚《とら》われています。過去を見つめて受け止めることで、私は、誰かを責めたり恨んだりすることもなくなりました。

私が今、ここにあるのは、過去と向き合い、10年にわたる手放しを経て、エネルギーが戻ってきたおかげだと思います。

家族を巻き込んで不幸にしてしまったという後悔や、自分に対する怒りや罪悪感、自己否定にたくさんのエネルギーを使っていた状態をようやく脱したので、いろいろなことが好転していって、こうして自分の体験を誰かにシェアできるようにもなれました。

私が向き合った思い込みの中でも、父に対するわだかまりは、これまでで最大の課題であり、生きにくさの理由のすべてと言ってよく、因縁の相手とのカルマの解消と思われるほどとても深いものでした。

でもだからこそ、それを私がすっかり解消できるまで、父は長生きして待ってくれたのだと思います。最期のときには、本当に優しい気持ちで父を送り出すことができました。

目に見えない空間も整理する

結婚していた頃から読み始めたスピリチュアルや潜在意識の本から、私は多くのことを学びました。その中で「手放さないと新しいものは入ってこない」という概念を知ってからは、自分の周りをどんどん整理するのが習慣になりました。

実家の片付けはその一環ですし、心の中にたまっていた思い込みも手放したことは、すでにお話しした通りです。

これらに加えて、私が徹底的にきれいにしたのは「**モノ以外の情報空間**」でした。メールボックスにたまっているメールやスマホの写真、古いアカウント、それにかつて自分で作っていたウェブサイトやブログなどをすべて処分したのです。

なぜなら、**情報にもエネルギーは宿っている**からです。

目に見える物体を手放すのは、比較的簡単だと思います。汚れたものや壊れてしまったものなら迷わず処分できますし、山のようにたまっているものや余っているものを見れば、「早くなんとかしよう」とも思えますよね？

でも、情報は目に見えないので、つい放っておきがちです。すると、古い情報がどんどんたまっていき、その古いエネルギーに足を取られてしまうのです。

身のまわりをきれいにしようと思ったり、勇気を出して次のステップに踏み出そうとしている方は、ぜひパソコンやスマホの中身も忘れずにチェックしてみてください。

私のインスタグラムには、生き方や自分を変えたいという方から、「どうすればうまくいきますか？」「何をすれば変われますか？」といったご質問が寄せられることがあります。

もちろん、間違ったやり方を正しいやり方に変えていくノウハウも必要ですが、大切なのは具体的な方法だけではないと思っています。

私が本当に大切だと思うのは、「意識をどこに向けているか」「エネルギーロスはないか」という、目に見えないところです。変わりたいと思ったら、こうした目に見えないところも見直すことこそがとても大切なことだと思います。

たとえば、ほとんど着ていないきれいな服だとしても、それが過去の不安や悲しみを抱えていた頃に選んだ服なら、もう手放したほうがいいと思います。

「まだきれい」「まだ使える」「いつか使うかも」を基準にするのではなく、そのモノが持つ〝目に見えないエネルギー〟から判断してみてください。

今あなたが持っているその〝モノ〟は、あなたのどんなエネルギーと引き合ったのでしょうか？

「私たちは同じ周波数しか引き合わない」。であれば、古いものや望んでいないものに自分のエネルギーを引っ張られないようにすることで、エネルギーロスを防げるようになります。

怒りと嫉妬と執着が私にくれたギフト

家の中と違って、心の奥は見えません。ですから、そこに何がどれだけたまっているのか、何を手放せばいいのか、自分ではなかなかわからないものです。

そんなとき、気づきを与えてくれるのが「不安」「悲しみ」「恐怖」「怒り」「後悔」「罪悪感」「嫉妬」「執着」といった不快な感情です。

こうした不快な感情は、

「そこにあなたが手放すべきものがある」

「それを持っているからエネルギーが低くなっている」

「だから手放せばもっと幸せになれる」

ということを知らせてくれるサインだと、私は考えています。

たとえばこんなことがありました。

ある日、銀座に出かけてランチを楽しんだ様子をインスタグラムに投稿したときのことです。その投稿に「ランチに1200円使えるなんていい暮らしですね」というコメントが付きました。その投稿を見て、私は胸がザワザワしてしまいました。

ただ、「ありがとうございます。美味《おい》しかったです」と返せばよいのに、私はなぜこんなに動揺しているのだろう——?

振り返ってみると、私は元夫の母に「贅沢《ぜいたく》してはいけません」とよく言われていたことを思い出しました。派手なことやけばけばしいものを好まなかった義母は、元夫だけでなく私や娘たちにも、「贅沢してはいけません」と、口癖のように言っていたのです。誤解のないようにお伝えしておくと、私は義母が大好きでした。いつも若々しくて好奇心旺盛、人格者でもあって、いっしょにいてとても楽しい方でした。私たちは仲がよかったですし、私は義母を尊敬していて、彼女の言うことは絶対だと思っていたほどです。でも、そんな義母の言葉だからこそ、私の中に深く落ちて「贅沢をしてはいけない」という思い込みとなっていたのでした。

だから、「いい暮らしですね」なんて言われると、まるで責められたような気持ちになるんだ……そうわかったら、ザワザワはスーッと静まっていきました。

もうひとつ私に気づきを与えてくれたのは、離婚後、好きになった男性の存在でした。大好きなのに、彼に会うとなぜか、苦しくて、悲しくて、寂しい感情が込み上げてくるのです。そして、モヤモヤする一方で、「彼から離れたくない。そばにいたい」という気持ちは消えないのです。

たとえ片思いだとしても、誰かを好きになるとドキドキワクワクするはずなのに、どうしてこんなに苦しいんだろう？

ヒプノセラピストとしての活動もしていた私は、なぜ自分が彼にそんな感情を持つのかを分析したくなり、自分自身に対して心理療法を試みました。

理由がわからない苦しさを見つけるのはヒプノセラピーの得意とするところです。

その彼は前世では私の恋人でした。過去の世界に降りて行くと、彼と私の間に立ちはだかっている10歳くらいの女の子の姿が見えました。

過去世では、彼はその子のお母さんで、私は彼女の愛人。その子が大きな声で「お母さんと仲良くしないで。私がひとりになってしまうから」と言ったのです。びっくりしました。この思いが現世にも影響しているような気がしました。

これは体験した人しかわからない感覚なのですが、前世を深く見ていくと言葉で説明できないような臨場感があり、今起きていることのすべてが腑《ふ》に落ちる思いがするのです。

この体験があってから、私は自分がなぜ彼に執着するのかがわかり、後にその執着を手放すことができました。

ただ、それはあくまでも潜在意識下のことだったようで、私のエゴ（顕在意識）は、「いやいや、彼を手放しちゃダメでしょ！」としつこく力を持って踏んばったままでした。

東京へ引っ越したあとで、彼と再会する機会がありました。

そして別れ際に彼と握手をしたその瞬間、「ああ、この人と私の道は完全に分かれたのだな」ということが、触れた手を通してはっきりとわかったのです。

それからは本当にすっきりとした気持ちで、彼の今後の幸せを願うことができるようになりました。

この出来事から、執着の強いものごとの手放しは、「潜在意識」と「顕在意識」の両方で行う必要があることを学んだのです。

「怒り」「嫉妬」「執着」などは、その感情自体が不快なものですが、「それを感じている自分自身が嫌だ」という思いにもなってしまうものでしょう。

でも、蓋《ふた》をしてしまう前に、その感情を見つめてあげてください。

感情には必ず理由があって、あなたに何かを伝えようとしているのです。

人生で最も大変だった3つのこと

私が経験してきたなかで特に大変だったのが、「離婚」「実家の売却」「父の看取り」の3つです。

まず離婚は、相当な手間とエネルギーがかかります。パートナーとの話し合い、財産分与、子どものこと、住まいのこと、生活費のこと、諸々の手続き……。

お互いの感情のもつれの中、ただでさえ大変なのに、まったく知識も準備もない専業主婦がインスピレーションだけで動いたものですから、課題が次から次へと出てきました。

たとえば、私がそれまで使っていたのは、夫が本会員になっているクレジットカードの家族カードでした。でも、離婚して家族会員から外れれば、当然、使えなくなってしまいます。

私の手元に残ったのは、たった1枚の私名義の百貨店のクレジットカードだけでした。離婚後の生活費については、養育費をもらえたので離婚後もしばらくは生活できました。でも、何かしら履歴書に書けるような資格を持っておけば、あのときあんなに精神をすり減らすこともなかったのではないかと思います。

私のインスタグラムには、「離婚前にしておいたほうがいいことは何ですか？」というご質問をよくいただくのですが、ともかく当座の生活費を確保しておくこと、そして収入を得る手段についても算段しておくことだけは、ぜひおすすめします。

苦手意識が引き寄せたもの

2つ目の実家の売却について大変だったことは、「不慣れだったこと」「大量のごみやガラクタの片付けをひとりでやったこと」、そして「不動産会社の担当者とうまく意思疎通がとれなかったこと」です。

無事に実家の買い手が決まり、着々と売買の手続きが進んだところまではよかったのですが、すっかり準備をして明日はとうとう東京へ引っ越しというタイミングになって初めて、境界線の問題でお隣から押印をもらわなくてはならないということが発覚したのです。

担当者は、「あと1週間以内に押印をもらえないと、売買契約は取り消しになる」と言ってきました。

私は頭が真っ白になりました。もう、東京の部屋の家賃も前払いしてしまったのに……（このときについては第3章で詳しくお話しします）。

「それならすぐに押印をもらわなきゃ！　私からお隣にお願いしますか？」

「いや、それは僕の仕事ですから」

結局、押印は期限ぎりぎりでもらうことができて、私はどうにか東京に引っ越すことができましたが、思い返しても冷や汗が出るような出来事でした。

今振り返ると、これはきっと私に、お金に対するトラウマというべき「恐れ」や「苦手意識」があったせいではないかと思います。漠然と持っていたお金に対する思い込み――たとえば、「お金は汚い」とか「お金は怖いもの」といった思い込みが、家の売買契約というういちばん大事なときにあぶり出され、自分を窮地に追い込んだと思うのです。

「お金について苦手意識がある」「いつもお金が足りない」「ボロボロのお札ばかりが集まる」などと感じている方は、自分がお金に対してどんな固定観念を持っているか、掘り下げてみるとよいと思います。

たとえば、お金を触るときにどんな感じがしますか？

お金がたくさんあったらどう思いますか？

そのときの感覚と、なぜそう感じるようになったのかをたどってみると、お金に対する思い込みが見えてくると思うのです。

施設での父の看取り

そして、3つ目が、父の看取りです。

札幌の高齢者施設に入っている父が危篤状態になったとき、私は施設から連絡を受けてすぐ札幌に戻ったのですが、「そのとき」が実際いつになるかは、誰にもわかりません。明日かもしれないし、5日後かもしれない。あるいは、もっと先かもしれない……。

私は、札幌のホテルを3泊予約したり、2泊予約したりと小刻みに確保しては、娘たちと泊まる次のホテルのことも考えなくてはなりませんでした。観光シーズンを外れていたので、予約が取りやすかったことだけは幸いだったかもしれません。

自宅のないところで親を見送るというのは、思った以上に大変なことだったのです。


看取りでもうひとつ大変だったことは、施設からの出棺です。父の場合は「火葬式」といって、お通夜や告別式はせずに身内だけで見送るプランにしたので、亡くなった部屋で納棺され、火葬場へ直接移動することになっていました。それをほかの入所者さんの目につかないように行わなければならなかったのです。

大変ではありましたが、出棺はとても温かい雰囲気に包まれていました。

施設の看護師さんやスタッフの方々は、父を明るく見送ろうとしてくださいました。父の昔の写真を整理している私を囲んで「若っ!!」と笑ってくださったり、皆で写真を見て冗談を言ったり泣いてくれたり。施設では大好きなお酒を飲めなかった父のために私がお酒を買ってくると、スタッフの皆さんは父が大好きだったコーヒーを枕元に置いてくださったりしました。きっと父も喜んでいただろうと思います。

ほかの入所者さんにはわからないように出棺したのですが、おひとりだけ見送りにつき合ってくださった方がいらっしゃいました。とてもしっかりされた90歳の女性の方で、施設での父の唯一のお友達でした。「お父さん、最近見かけないけどどうしたの？」と尋ねてこられたので、その方だけには「亡くなったんです」と正直にお答えしました。するとその方は、お棺が通るのを通路で待っていて、手を合わせてくださいました。

どれも大変ではありましたが、心残りはありません。それは、ひとつ一つ自分の心に忠実に動いたからでしょう。

離婚を選んだのも、実家を売却したのも、父の看取りも、誰か他の人の思いに従うのではなく、自分の思いを尊重しました。

もし、自分はこの程度なのだから高望みはしない、この程度で満足しておけばいいんだ……などと思っていたら、出来なかったと思います。

タイミングの見極め方

離婚にせよ、実家の売却にせよ、人生の大きな動きにはタイミングが大切だと感じています。

とはいっても私の場合、「◯◯だからいつ頃から動こう」と計画的に考えるのではなく、直感的に「なんとなく」と感じたタイミングで動いていました。「なんとなく」という直感が来ると、背中のスイッチを押されたような感じで、逆らえないのです。

怖くないかといわれればもちろん怖いですし、「本当にやってしまっていいの？」と後ずさりしたいような気持ちもあります。それに「なんとなく」ですから、確信ではありません。ただ、「**純粋な直感というものに間違いはない**」と私は思っています。

でも、そんな私もかつて、自分の直感を信じなかったがために大失敗をしたことがあるのです。

突然訪れた直感

結婚時代、私はおこづかいの足しになればと思って、株のデイトレードをしていたことがありました。

ある日の朝、私は持っていた株をなぜか直感的に売りたくなったのです。そこでパソコンの前に座って売ろうとするのですが、最後のボタンを押す段階になると「やめて！　売るなんてもったいない！」と、理性のほうが手を止めてしまいます。

その株の会社は、当時高い注目を集めていたベンチャー企業で、今後もますます成長していくだろうと日本中の誰もが思っていました。ですから、確かに売るなんてもったいない……と一旦はやめるのですが、直感のほうがまた「売って！　売って！」と、私を急《せ》きたてます。売ろうとしてはやめる、また売ろうとしてはやめる、というのを、いったい何十回繰り返したでしょうか。最後には「どうして私はそんなに売りたいの!?」と自分に叫んでしまったほどです。

疲れ果てた私は「午後1時になったらパソコンを見るのをやめる」と決めて、午後1時以降はパソコンの前から強制的に離れました。そして娘たちのピアノのレッスンの送迎をして帰宅した夕方5時。何気なくテレビをつけると、私が持っていた株の会社に警察の強制捜査が入ったというニュースが流れてきたのです。翌日から株価はストップ安になりました。

このとき初めて「午前中にあれほど株を売りたかったのは、教えてくれていたんだ！」と気づきました。が、すでに株価は大暴落していました。あのとき売っていれば、損失はほんの数万円で済んだのに……。

あまりにも高い授業料は大きなショックでしたが、それ以来、自分の直感には従ってよいのだと心から信じられるようになりました。

まず紙に書いたり、口に出してみる

転職しよう、引っ越そう、あの人とお別れしよう……など、「やろう」と思ったことは、紙に書いたり、口に出すようにしています。

こうすることで、「最初のエネルギー」を動かすのです。

すると、とても無理だと思っていたことでも、進んでよいときには、なんとかできる方法がわかったり、助けてくれる人が現れたりします。突破口が与えられるのです。手に取った本の一節に書いてあることだったり、ウェブで目にした言葉だったり、誰かが言ったひとことであったり、必要な情報に巡り合えるのです。不思議ですね。

反対に、進んではいけないときは、道が閉ざされてしまいます。

この仕組みさえ解っていれば、直感に従うのが怖いときも、気持ちが軽くなるのではないかと思います。

あとは、強い信念と覚悟があれば大丈夫です。

私は1年で出ようと思っていた実家からなかなか出られなかったので、毎晩、「こうなりたい自分」をイメージしてノートの切れ端に書いた文言を読み上げてから、眠るようにしていました。それは2年くらい続きました。

とても簡単な方法なので誰にでも出来ます。当時は自己否定感が強くて、それらすべてが「私にはない」「私にはできない」と強く思っていたのです。

以下は私が5年前、毎晩寝る前に読んでいたアファメーション（なりたい自分になるための自己肯定文）です。

・私の人生は安らぎと平和に満ちています。
・人生最高のことが今起こっています。
・私は行きたいときに行きたい場所に行けます。
・私は豊かさを受け取る資格があります。
・私はたくさん受け取っても大丈夫です。
・私は自分が抱く思いは宝物だと知っています。
・私が出合うことは、私にとって最良の道です。
・すべては私が満足するように解決されます。
・私は自分の潜在意識に自分自身をゆだねます。
・私の人生に奇跡が起こります。

今、そのすべてが叶いました。

「魂の声」を聞く

寝る前に尋ねてみる

迷ったときは、寝る前に質問してみることをおすすめします。

たとえば「ハーブの勉強をしてみたい。でもお金がかかるし、仕事にできなかったら無駄になってしまうかも」と迷っているとしましょう。そういうとき、ベッドに入って「私はハーブを勉強する道に進んでもいいですか？　YESかNOか、起きたときにはっきりわかるように教えてください」と聞いてから眠ってみてください。

質問に答えてくれる相手はハイヤーセルフです。ハイヤーセルフとは「高次元の自分自身」のことで、3次元にいる私たちを高いところから見守ってくれている存在といわれています。眠っている間はハイヤーセルフとつながりやすいので、寝る前に質問すると効果的です。寝ている間に、ハイヤーセルフが答えを示してくれます。

もし朝起きても答えがよくわからなかったときは、「もっとはっきりわかるように教えてください」「24時間以内にお願いします」などとまたお願いしてみましょう。


ともかく確かなのは、**「ねばならない」は自分の考えではなく、エゴ（顕在意識）の考えだということです。**

「ねばならない」に従うほうが、世間的には安全かつ正しいように見えるかもしれません。でも「本当はこうしたい」と思いながら現状維持を続けるほうが、もっと辛いはず。

いつか命が尽きるとき、後悔がないと思えるほうを選べるようにしたい。

そういう勇気を持っていたいと、62歳の今、私は思っています。

世間の非常識は私の常識

自分のやりたいことをやろうと思うと、世間からは非常識扱いされやすいものです。私自身も、父を施設に預けて東京暮らしを始めたことで「あなたはツケを払うことになるでしょう」「東京に来るな」「北海道に帰れ」「お嬢様たちを頼らず孤独に亡くなってください」などとネット上で言われました。それでも、私の考えは変わりませんでした。

位牌と仏壇を処分

うちには、他界した妹の位牌と古い仏壇がありました。

仏教を信じる人には、位牌や仏壇には魂が宿るものと考えられているようです。

でも私は「位牌にも仏壇にも妹はいない」と思いました。というのも、母が亡くなったときに位牌なしの葬儀を行ったのですが、位牌がないにもかかわらず、告別式の後もずっと母が家にとどまっているのを感じていたからです。つまり「魂の居場所は位牌とは限らない」と考えていたので、「妹はそこにいない」という感覚を素直に受け入れられたのです。

母の葬儀のときは、既に地方のお寺にあった祖父母のお骨を札幌の霊園に移した後だったので、お寺とのしがらみはありませんでした。

もともと我が家は、禅宗のお寺の納骨堂に祖父母のお骨があったのですが、お墓参りが遠方であることや、妹の告別式にお坊様が大遅刻して来たことなどがあって、お寺との繋がりを終わりにしたのです。

元々、日本は神道の国ですし、仏教も朝鮮半島から渡来したもの。そう考えると、世界にはいろいろな宗教があり、さまざまな見送り方があるように、私たちも宗教に縛られることなく、信じるところに従えばよいのではないでしょうか？

妹の位牌は、仏教のお寺に頼んでお焚《た》き上げに出しました。そして仏壇は、「位牌の容れ物」として、粗大ごみとして処分したのでした。

あの古い仏壇を処分したからと言って祟《たた》るような家族ではありませんし、実際処分したことで困ることは何も起こりませんでした。

ただ、祖父母のお骨を霊園に移したときは、祖父母の生前の名前をそれぞれ呼んで、「このような事情で札幌の霊園にお骨を移します」と何度も伝えました。

妹の位牌を処分するときも妹の名前を呼んで、同じように伝えました。

施設に残した父

世間の常識といえば「親の老後の面倒は子どもが見なければいけない」という考えも、いまだに根強いといえます。親を高齢者施設に預けることを、後ろめたく悪いことのように感じている方も少なくないでしょう。

私の場合、母が亡くなってすぐに父が入院したとき、「家で父の介護をしながら暮らす」「父を施設に預けて働きに出る」という二つの選択肢がありました。

もし家で父の介護をするなら、私はずっと父を見守っていなければならないので、仕事はできません。でも、父を施設で見てもらえれば、私は時間を自由に使えます。父の年金を頼りに実家にこもり、介護だけをして暮らそうとは思えず、私は父に「仕事がしたい」と正直に話したのです。

その後、札幌の施設に父を残して東京へ来たことをインスタグラムに投稿したときも、何件か批判コメントが届きました。私の中では、医療体制が整っていて、優しいスタッフさんが食事や入浴のお世話をしてくれて、金銭面での折り合いがついていて、父本人が入りたいと言っている、だから施設に入ってもらって東京に来た……という自然な流れだったのですが、これを「悪」と捉える方もいたのです。

離れていても、父の最期のときには立ち会うことができましたし、施設の方々にも温かく見送っていただき、出来ることは全部してあげられたといえるくらい、後悔はありません。反対に、無理をしてずっと家で介護を続けていたら、私は父に、自分の人生を奪われたかのような気持ちで恨んでいたかもしれないと思うのです。

世間から非常識扱いされるのは、怖くて辛いことです。そのために、心の声に従えない方も多いと思います。それでも、心の声は無視せずに聞いてあげてほしいと思います。

もし今、心の声に従えていないのだとしたら、まだそこでやるべきことが残っていて、「とどまることを自分が選択している」のだと思います。

第2章

50代で父と母に向きあう

自由に生きるために、
解決しなくてはならなかった「課題」。
それは「父と母を笑顔にする」ということでした。

「死にたい」が口癖の母と酒びたりの父

離婚して2年ほど経った頃、私は認知症の母を見守るために実家に戻りました。

当時の母は、病院へ行っても診察を受けずに待合室でずっとぼんやり座っていたり、ひとりで家に帰って来られなくなったりしていました。

一方の私は、一緒に暮らしていた次女が関西の大学へ進学してひとりになったところでした。

その中で「父と母に心から笑えるようになってほしい」という思いが生まれたのです。

怒鳴る父と、認知症の母

ですが、当時の父と母は、心から笑えるどころかとても危うい状態になっていました。

父はとにかく、朝から晩まで母を怒鳴り続けます。母を怒鳴るのは昔からでしたが、母が認知症になってからはさらにひどくなったようでした。それは、母がときどきおかしなことをしてしまうからです。たとえば、スナップエンドウの豆をさやから全部出したり、お砂糖を小麦粉だと勘違いして、衣にして天ぷらを揚げようとしたり……。その度に父が怒鳴りつけるのですが、これだけ毎日怒られていたら頭がおかしくもなるだろう、と思ってしまうほどひどいのです。

しかも父は、毎日早くからお酒を飲んでいました。午後3時頃にはもう飲み始め、お酒に弱いのですぐ酔って動けなくなってしまいます。あるとき「ドーン！」と大きな音がしたので雷でも落ちたのかと思ったら、転んで頭を打った父の周りに血だまりができていて、あわてて救急車を呼んだということもありました。

一方で母は、父が怒鳴るのを右から左に受け流していました。昔からの慣《なら》わしになっていたのでしょう。言い返すことはほとんどなかったと思います。

「お父さんは、怒るようにしか話せない人なの。お父さんのような人は、あなたには耐えられないわね」と母が言うのを聞いたときは、びっくりしてしまいました。耐えられる・耐えられないという尺度で結婚生活を語るのを聞いて「人生って我慢比べなの？」と思ってしまったのです。

「離婚したらいいのに」と言ったこともありましたが、母にとって離婚は「悪いこと」「恥ずかしいこと」「人に言えないこと」でした。私が離婚したことも、お友達やご近所にずっと隠していたようです。母に「生まれ変わってもお父さんと結婚したい？」と聞いたときはだまって首を横に振りました。

その頃の母は疲れ果て、もう何もしたくないという気持ちだったのではないかと思います。それでも仕方なく家のことをすると、父に怒鳴られる。だから気力も失い、「早く死にたい、死にたい死にたい」と言い続けている……そんな状態でした。

私が実家に入ったのは、「二人をこのままにしておいたら、いずれ大事件が起きてしまうのではないか」という恐れも感じたからなのです。

そんな、今にもどうにかなってしまいそうな両親との三人暮らしが始まりました。先に倒れたのは母でした。

もともと母が認知症の診断をされてからは訪問医と契約して、もし万が一のことがあれば訪問医を呼んで家で看取るということを決めていました。ですが、母が肺炎にかかり、ついに立てなくなったとき、段取りをちゃんと理解できていなかった私と父は救急車を呼んでしまったのです。救急車を呼んだことによって、契約外の病院主導の治療が始まり、母を家で看取ることはできなくなりました。

病院で診察を受けてみると、母の脚は壊死《えし》していました。つまり、母は細胞レベルですでに「死」を迎えている状態だったのです。それでも病院は患者の命を救うのが使命なので、抗生剤を点滴したり輸血をしたりと、あらゆる方法で母を治そうとします。私たちも「輸血しなければ助かりません」と言われれば、家族なのでその場で「そうしてください」と承諾してしまいました。ですが、母の本当の希望は「絶対に延命治療をしないでほしい」だったのです。

輸血して一度は快方に向かったものの、再び容態が悪化した母は、管を抜かないように紐で手を縛られた姿で点滴されていました。「取って！　取って！」と嫌がって叫んでいる母を見て私たちは「こんなことをしないでください」と医師に訴えましたが、「患者さんの利益を守るためなので、(身体拘束は)外せません」というのが彼らの言い分でした。

このとき母は一命を取り留めたのですが、もう普通の生活には戻れないということでそのまま特別養護老人ホームに移り、ドロドロの流動食を食べさせられる生活を2年ほど送った末に亡くなりました。最終的に本人が最も望まない形で、死を迎えてしまったのです。

今となっては、これは「死にたい」が口癖だった母と引き合った現実だったのだと思います。晩年の母が、少しでも何か楽しみを見つけて、よりよく楽しく生きようとしていたなら、状況はもっと違うものになったのではないかと思えるのです。

また、母の運命は救急車一台で変わってしまいましたが、それは母が立てなくなったときに下の世話までしてあげるような覚悟が私と父になかったこと、そして何より万が一の手はずをしっかり整えていなかったことが原因だったと思います。

父の最期

一方、母の死から多くを学んだあとに迎えた父の最期のときには、十分な見送りができました。

父は、母が亡くなってすぐに長期入院したあと、そのまま帰宅することなく、高齢者施設に移りました。そこで万が一のときの手はずをすべて話し合い、合意してサインした書類を施設に渡しておいたのです。おかげで、望まない延命治療で苦しむこともなく、私が付き添って「最期までついてるからね」と声をかけると、うれしそうにニコニコ笑って旅立っていきました。父がこんな安らかな最期を迎えられたことは、私にとっても本当に幸せでした。

また、父のよかったところは、母と違って楽しみを持っていることでした。父には麻雀仲間や、飲み仲間がいました。入院前は毎日のお酒も、楽しみのひとつだったのでしょう。

そういえば、父は酔うとおしゃべりになって、母にたくさん話しかけるのです。テレビで野球や相撲を一緒に見ながら、父は話し、母は相槌《あいづち》を打っていました。母が好きなのはクラシック音楽でしたから、たぶん興味はないのに父に合わせていたのではないかと思います。二人には二人なりの、言葉にできないような夫婦の絆があったのでしょう。

父と母を見送った今、私も自分が旅立つ日のことを考えています。

必要な手配をしておかなければと思ってはいますが、ある朝パタッと亡くなり、病院や施設のお世話にならなかった、というのが理想です。そんな希望も込めて、娘たちには「ママはピンピンコロリでいきますので」と言っています。

実家相続と15万の壁

インスタグラムのフォロワーさんのコメントを見ていると、「親が亡くなったら自分も実家を片付けて手放したい」と思っている方が多いようです。

家族構成や資産の状況、考え方などによってさまざまだと思いますが、ここで私のケースについてお話ししたいと思います。


私の実家はもともと、土地が母の名義、家が父の名義になっていました。

母が亡くなったときに、私は父と相談して、土地は私ひとりで相続することにしました。のちのち家と土地の両方を売却する際の手間を考えると、家は父が元気なうちに私に生前贈与をするのがいちばん安全で簡単だと思いましたが、それには贈与税が15万円かかることがわかりました。築30年を過ぎた古い家にもそのくらいの税金がかかったのです。一方、相続であれば私の実家の場合は相続税はかからないでしょう。

そこで父と相談し、「15万円はもったいないから、お父さんが亡くなってから相続の手続きをしようか」ということになりました。

ただし、もし父が認知症を発症してしまうと資産凍結され、私だけの判断で売却するといったことができなくなってしまうリスクもありました。不動産売却は、心身共に健全でなければできないことだと感じました。

幸いにも父は認知症になることはなく、その後、父と相談して家を売りに出すことになりました。土地は私、家は父の名義ですから、いっしょに不動産会社で手続きする必要があります。足の悪い父が不動産会社に出向くのはひと苦労でしたが、父の出番は最初だけで、後は私に全権委任するという形で話し合いは進みました。

たまたま我が家は、駅から近かったことで買い手が見つかりました。その方は立地を気に入ってくださって、フルリフォームの方向で家づくりを考えていらっしゃるようでした。

私が東京の部屋を決めて間もなく、車椅子の父と見事に紅葉した公園を散歩しながら、今後のことについて話しました。

部屋が見つかったこと、実家の売買契約が済んだこと、そして何かあったら3時間半で戻って来れる、ということを伝えました。

「朝7時に羽田発の飛行機に乗ったら10時半にはここに到着するから、心配することはないよ」

「そんなに早く来れるのか」

父はうれしそうに笑いました。

新しい部屋の話をすると「よかったな」と喜んでくれました。

けれども後で看護師さんたちが「とても寂しそうだったよ」と教えてくれました。

父はあのとき、親としての最後の意地を見せてくれたのだと思います。

実家のことは、すぐに家族で話し合うことは難しいかもしれません。でもまずは自分ひとりで、「持ち続ける」「手放す」という二つの選択肢に向き合うことから始めてもいいのではないでしょうか。

寂しさの果てに

離婚してから一緒に暮らしていた次女が進学でアパートを離れたとき、私は猛烈な寂しさに襲われたものでした。

「娘と離れて本当のひとりぼっちになってしまった」という寂しさと「自分は無力だ」という寂しさ、そして「誰からも愛されていない」という寂しさでした。

その頃の私は、親とのことも何も解決できておらず、自分には「現実を変える力などない」と思っていたのです。

波長が引き合う

当時の父と母は関係が良好とはいえず、実家はとても不健全な状態でした。それなのに私は実家に戻ったとき、深い安堵感を感じました。

ネガティブな思いに包まれていると、どんどん低いほうに導かれてしまうのです。

そのときもそうでした。でもそれは必要なことでした。だからこそ私は実家に帰ることが出来て、問題に取り組むことができたのです。


私は自分自身にヒプノセラピーを施し続けていました。

ヒプノセラピーに興味を持ったきっかけは、テレビ番組で、ある男性のタレントさんが前世療法を受けているのを見たことでした。その後「今すぐ前世がわかる本」(藤井裕子・著)という本を買って付録のCDを試してみました。するとびっくりするような、過去世らしきものを見たのです。

そこでは私はピアノを弾く男性でした。美しい長い指と腰につけたベルトの金のバックルが見えました。

その不思議な体験をきっかけにヒプノセラピーにどっぷりとハマり、セラピストの資格もとりました。そして自分の前世もたくさん知りましたし、クライアントさんの前世を巡る旅にも同行しました。

実家に住んでいた間は自分の抱えているトラウマに向き合う大切な時間で、「大切な人に愛されない」という思い込みの原点や、それまで原因がわからなかったトラブルについても次々と理由がわかったように思います。

ヒプノセラピーのやり方はいたって簡単で、自分の声を録音して誘導し、超リラックス状態にします。ただ、加減が難しく、そのまま眠ってしまうことも何度もありました。

トラウマ的記憶から日常的な悩みまで、全部くまなく向き合い、見ていきました。すると、3歳の頃、6歳の頃、あるいはもっと前……というように、それぞれきっかけになった記憶が出てくるのです。

たとえば、私が「大切な人に愛されない」という観念を持つようになったきっかけは、7歳の頃にありました。

ヒプノセラピーをしているとき、私の意識にふと、母が妹を出産して家に戻ってきたシーンが浮かんだのです。そのなかで私は母の隣に布団を敷いて、「今日は久しぶりにお母さんと一緒に寝られるんだ」と、喜んでいました。ところが、寝ようとしたら布団を祖母の部屋に戻されていたのです。「どうして一緒に寝たらだめなの!?」と泣く私に、母は「お姉ちゃんなんだから我慢しなさい」と言いました。「確かに昔そんなことがあった」。その記憶が鮮明に思い浮かび、ああ、私はこのときに「大切な人に愛されない」と思い込んでしまったんだと悟ったのです。私は「お姉ちゃんだから我慢しなさい」という言葉が大嫌いでした。

こんなふうにひとつ一つさかのぼって原因を理解していくことで、自分なりに問題を解決していきました。私が実家へ戻ることになった本当の理由は、これだったのかもしれません。

捨てられない母と大量のガラクタ

いろいろな理由や思いがあって実家に戻り、自分の心の中と向き合った私ですが、一方で実家の片付けも大変でした。

当時、父と母は一階で生活していたので、私は二階を使おうと思って上がると、二階の二部屋には大量の荷物が押し込まれていました。

古いステレオ、足踏みミシン、壊れた椅子、扇風機……何年も前に使えなくなった家電や家具がそのまま二階に放置されていたのです。両親とも歳を取って気力も体力もなくなり、粗大ごみを出すのが面倒で、とりあえずそこに押し込んでいたのでしょう。

このままでは私が暮らせません。「私が片付けるしかない」と早々に観念しました。

片付けても片付けても

とはいっても、とても一度に片付けられるような量ではありませんでした。最初はキッチン、次はリビング、洗面所、お風呂場……と、1か所ずつ手をつけていきました。1か所が1日で終わるということはありません。今日はシンク下を、次に数日かけて食器棚を、その次は作り付けの棚を、その後は床下収納を……というように1か所に何日も何週間もかけて少しずつ進めていきました。

毎日大量の不用品と格闘しましたが、母が家にいた頃はなかなか思うように進みませんでした。母は「捨てられない人」で、私にも捨てることを許さなかったからです。6年前のマヨネーズが出てきたこともありました。

足腰が弱っていた母が上がれない二階のものはサッと運び出せるのですが、一階ではずっと母が私を見張っています。そして、捨てようとすると「だめ！　だめ！」と叫ぶのです。

ゴザを捨てたときはとても叱られました。しかたなく「お母さん、そんなにゴザが大事なら、今度のクリスマスに新しいのを買ってあげるよ」と言うと、「いらない、すったらもの（そんなもの）！」と怒っています。そこでゴザはいつ使うのか聞いてみると、「運動会」とのこと。運動会で毎年リレーのアンカーだった私の活躍を自分のことのように喜んでいた母の、運動会への思いを感じたひとときでした。もともと捨てられない人だったのが、認知症になったことでさらにこだわりが強くなっていたのかもしれません。

そんな母は、日本舞踊の先生でした。叔父の家が呉服店だったこともあって、家には信じられないほど大量の着物がありました。ほかにレコード、扇子、和傘といった舞踊に使うもの、踊っているときの写真などもありましたが、とにかくどれも山のような量で、全部は残しておけません。でも、母が見ているところでこれらをバッサリ捨てることはできず、整理にはずいぶん苦労したのです。

毎日毎日、家の中で延々と捨てるものを仕分けていると、不用品によってエネルギーが奪われるように感じて身も心もボロボロに疲れ果てます。そこで私は、すぐ近くのカフェへお茶を飲みに行くのを日課にしていました。そこで好きな音楽を聴きながら本を読むのが、ささやかな息抜きだったのです。といっても、あまり長くは家を空けられないので、また戻っては母の様子を見つつ、荷物の山に手をつける、という日々の繰り返しでした。

大量の絵、着物、写真

そんな日々が2年くらい続いた頃、母は体調を崩し、家を離れることになりました。実家に父と二人になってからも片付けを続けていたのですが、片付けが進んでくると、捨てる決断力もついてくるものです。

うちにはなぜか絵もたくさんあり、展覧会で入賞した親戚の絵、父がススキノでイスラエル人から買った絵、結婚祝いにもらった絵、亡くなった妹が「これは世界に100点しかないの」と大切にしていた版画もありました。妹の形見だからこれだけは残すべきかと思ったのですが、考えてみれば私の趣味ではありません。さらに、以前はなかったカビが、表面に出てきたところでした。そこで思い切ってほかの絵と一緒に業者さんに渡してしまいました。「一生この絵を持っていないといけない」と少し前までの私は思っていたので、手放したときは妹の呪縛から解放された感じがしました。また、「妹の魂はここにいない」と感じて位牌や仏壇を処分したのも、すでにお話しした通りです。

仕分けが難しかったものを強いて挙げるとすれば、写真です。母がいる間から整理を進めていたのですが、あまりにも量が多くて大変だったのです。大画面テレビを置いていたテレビ台の中すべてが母の写真でした。今、私の手元に残ったものはお菓子の缶ひとつに入る程度になりました。

こうして片付けが一段落するまでには、結局2年ほどかかりました。実家を売却するときにはほとんどモノがない状態にできましたが、私も体力が落ちていたら、ここまでやりきれたかどうかわかりません。

生きていれば自然とモノは増えてしまいますが、これからも整理を心がけて、荷物は極力少なくしておくつもりです。というのも、今の私は「東京の次」を見てみたいのです。

いつか来るかもしれないその日には、本当に大切なものだけを持って、軽々と羽ばたいていきたいと思っています。

亡き母からのメッセージ

父の最期から時間をさかのぼり、母が亡くなった後のことについてお話ししたいと思います。特別養護老人ホームで暮らしていた母が救急搬送されて亡くなったあと、実家で葬儀を行いました。家が大好きだった母を実家で見送りたいと思ったのです。

ところが、その後も家には母の気配がずっとありました。まさかと思われるでしょうが、物音がしたり、気配を感じたり、行くべきところへ行っていない感じがありありと伝わってくるのです。

母は、家や持ち物にひどく執着しているところがありました。生前から「絶対家を売りたくない」と言っていたのに私が実家の売却手続きを進めていたり、大量の着物を業者さんに引き取ってもらったりしたのを、なんだか怒っている感じがするのです。そのとき持っていたオラクルカード（お告げや神託が書かれたメッセージカード）に「母は怒っていますか？」と聞いてみたらなんと「ＹＥＳ」と返ってきて、背すじが凍りつきました。

私は、母を一生懸命説得しようとしました。

「私、ずっとここに住んでいるのは嫌なの。だから家は売るからね」

「着物を全部捨てたわけじゃないよ。一度も袖を通していないものはここに残してあるでしょ」

誰もいない部屋で着物を見せながら話している姿は、さぞ奇妙だったでしょう。でも私は必死でした。というのも私には、母を現世に引き留めてしまった心当たりがあったからです。


母が亡くなって遺体を家に安置したとき、私は火葬の書類を提出したり、葬儀の準備でお供えを買いに行ったりしなければなりませんでした。でも、父はそのとき病院にいたので、私が出かけると母の遺体はひとりになってしまいます。それで私はなんとなく「お母さんも来る？」と声をかけました。そうしたら、本当についてきた感じがしたのです。

母の大好きな回転寿司のお店に寄ったり、買い物に行ったりと、私は母を連れ歩きました。母にしてみたら、こんな楽しいことはなかったでしょう。重い体を離れて大好きなお寿司も食べに行けるのです。現世に残りたいと思ってしまっても仕方ないと思いました。

こうして私に不満のある母を感じながら、私は「余計なことをしてしまった」と反省しました。亡くなったら亡くなったものとして、そっとしておいてあげるべきだったのです。

母のことが気になった私は、イギリスやアメリカで学ばれたスピリチュアルカウンセラーにお願いして、視てもらうことにしました。すると、

「お母様はちゃんと行くべきところに行かれてますよ」と言ったあと、

「お母様、子どものような方ですね。言いたいことがあるみたい」と教えてくれました。

母は「自分が継母にされたのと同じように私にしてしまったこと」を後悔していると伝えてきたのです。

母は私のやることなすことすべてを否定する人で、生前、私は母親の愛情を感じることが出来ませんでした。子どもの頃からずっと「どうして私と母は言葉が通じないのだ

ろう？」と思っていました。中学生の頃は「もし来世があるなら二度と母とは出会いたくない」と本気で考えていたほどです。

でもそれは母が養女として継母に育てられたという、複雑な生い立ちから来るものだったのでしょう。私は自分が愛されていないと認めるのが辛くて、「母は私に自分がされたのと同じようにしているんだ」と解釈して冷たい仕打ちを理解しようとしたのです。

本当は、母の心の奥底には溢れんばかりの愛情があったのだと思います。

私は、「それ、わかっていたからもうぜんぜん気にしなくていいよ」と声に出して言いました。

母はもう現世を彷徨《さまよ》ってはいませんでした。

今は胸のつかえも取れて、安らいでいるでしょう。

亡くなった人にこちらの気持ちは通じます。

あるスピリチュアルの勉強会で、故人を呼び出す方法を教わったとき、母を呼んでみました。
母は、満面の笑顔で現れました。
私が捨てたはずのお気に入りの大島紬の着物を着ていました。
そのときのうれしそうな様子が今も忘れられません。

許せなかった人を許す

離婚後の私が、「浄化の10年」で実家じまいとネガティブな思い込みの手放しに取り組んできたことは、第1章でお話ししました。

その手放しの中でも特に大きかったのは、父を許したことでした。

私は幼い頃からずっと、父が苦手でした。

私と話すときにはニコニコして優しく見えるのですが、たとえニコニコしていてもそれは表面だけで、奥底には何か別のものを持っている。ずっとそんな感じがしていたのです。

私は、「父をこんなに嫌だと感じるということは、私がそう感じるようになった理由があるはずだ」と考えました。今は忘れてしまっているけれど、きっと理由がある――。

それなら、その理由を探し当てて手放そう、と決心したのです。

父は私の男性観に大きな影響を与えていました。

父は私には優しかった一方、母のことをいつも怒鳴りつけていて、常に圧力をかけるように接していました。そのイメージを、私は無意識に知り合う男性たちに重ねていたことに気づいたのです。

たとえば、夫は本来、何ごとも黙って見守ってくれるような穏やかな人だったのですが、私が無意識に父のフィルターを重ねていたので、別れるときには「上からものを言う怖い人」「高圧的で私を支配しようとする人」に見えていました。

離婚後、自分に何かできることはないかとオンラインの起業塾に入ったときも、私にアドバイスする男性はやはり高圧的で厳しい人だと感じました。みんなの輪の中に入っていくこともできず、「なぜ私の周りにいる男の人はこんな人ばかりなんだろう？」と思っていました。でもそれは、本当は自分の内面に理由があったのです。

こうした父にまつわる出来事をクリアすることは、きっと、今世の私の大切な課題だったのだと思います。だからこそ許せない思いは深かった。そしてそれをクリアできたからこそ今がありますし、クリアできるまで父は生きて待っていてくれたのだと、今は感謝の気持ちでいっぱいです。

あなたには今、「許せない」と思っている人はいますか？　許せないという気持ちにエネルギーを奪われ続けるよりも、許してしまったほうが早く幸せになれます。だからといって「はい許しましょう」と、スイッチを切り替えるように許すわけにはいかないのも、もちろんよくわかります。

でも、いつか許せたとき、自分のエネルギーは大きく変わります。本当に許されるのは、たぶん相手ではなく自分自身なのです。

第3章

実家を手放す

本当にいいの？
どうしてこんなにトラブルが起こるの？——
実家の売却は、最後に残った大仕事でした。

私を動かしたのは何度も見た夢

ここからは、私の人生の一大事だった「引っ越し」についてお話しさせてください。

まずは、東京行きを決めるまでのちょっと変わったいきさつからお話しします。


北海道の実家を売りに出したとき、私はまだ次に住む場所を決めていませんでした。

引っ越しを具体的に考え始めたのは、実家の内覧に来られた方がうちを気に入ってくださって「もしかしたら売れるかも」という兆しが見えてからのことです。


その頃、私はなぜか、何度も繰り返し、同じ夢を見ていました。

実家に大きな車輪が付いていて、家ごと猛スピードでどこかへ連れて行かれるのです。走る家の窓から首を出して、私は「どこに行くの？　どこに行くの？」と叫んでいました。

実はこの不思議な夢が、引っ越しの大きな原動力になりました。

「こんな夢を何度も見るということは、きっと大きく移動するんだ」と、自分が北海道を離れる選択肢を素直に受け入れられたのです。

そもそも、私は昔から「予知夢」をよく見る体質でした。

気になる夢を見たらすぐ夢日記に書いておき、分厚い夢占いの本で意味を調べてみるのです。すると、本当にそこに書かれたその意味通りのことが未来に起こるのです。

ちなみに、夫ともう一度結婚式を挙げる夢を見たことがあります。とてもリアルな夢でした。

「私、結婚式はしたのに、同じ人ともう一度式を挙げてる?」と夢の中で不思議に思って意味を調べるとそれは、既婚者が見た場合は夫婦別離の予兆か、実際に別離があるか家庭内別居状態になる暗示だと書かれていました。

そして今回は、「家」という、本来は土地にしっかり固定されているはずのものに車輪が付いて、強引に移動させられるというストレートな内容だったので、きっと遠くへ引っ越すことになるのだろうと思ったのです。

でも、どこに?　もしかして、前から気になっていたフランス?　または東京?

でも父が生きているのだから、いきなり海外はないなと思いました。
今でも「よく北海道から見知らぬ東京へ行こうと決心できましたね」といろいろな人に言われるのですが、大きな変化を自分で起こすのには確かに勇気がいりました。
でも、北海道にとどまるという選択肢には、どうしても気乗りがしなかったのです。

当時は、札幌で秘書の仕事に採用されていたので、贅沢をしなければ65歳まで定職があり、札幌で暮らしていくこともできたと思います。けれど、楽しみのない仕事に縛られ、娘たちにご馳走してあげるお金も出せないような薄給生活をずっと続けたいとは思えませんでした。

悩んだときによく使っているオラクルカードを引いてみても、やはり「移動しなければ発展は見込めない」という意味のメッセージが出てきました。

私は湧き上がる怖さを抑えつけ、東京行きを決めました。
ですがそれは、過酷な試練の始まりでもあったのです。

居心地の悪い家

売却した実家がどんな家だったのかということもお話ししておきましょう。

実家というと、普通は「心のよりどころ」と捉える方が多いのではないかと思います。だからこそ、売却すると後悔したり、罪悪感や喪失感に苛《さいな》まれたりする方も多いようです。

でも私は、自分の生まれ育った実家を手放したくて手放したくて仕方ありませんでした。

築30年以上も経つ木造一戸建ては、老朽化していて使い勝手が悪く、居心地の悪い家でした。

まず、大変だったのは屋根の雪下ろしです。

雪国の家でも、屋根の形や仕様によっては雪下ろしがいらないこともありますが、うちはワンシーズンに何度も雪下ろしをしなければなりませんでした。札幌の雪は重く、降り積もるとどんどん硬くなっていきます。雪下ろしをしなければドアがきしみ、家全体に圧がかかります。最近は降り積もった雪に雨も加わって一層重くなっていました。自治体は「危険なのでひとりで雪下ろしをするのはやめましょう」と言いますが、雪下ろしができるのは私ひとりしかいません。

さすがに、自分も高齢になってからこれを毎年続けるわけにはいかなかったでしょう。

それから、1階の間取りもよくありませんでした。

玄関を入ってすぐお風呂があるのですが、冬になるとお風呂場が凍えるように寒いのです。さらに、仕切り壁が少ない開放的な間取りで、キッチン、食堂、リビングと和室、すべての部屋同士がつながっていて冬の寒さは格別でした。

極めつきは、庭の木と雑草です。母が認知症になる前から手入れをやめてしまい、荒れ放題になっていたのです。

母が亡くなり、父も長期入院から高齢者施設へ移ることが決まり、実家に私ひとりになったとき「ここにずっと住むのは嫌だ」と、はっきり思いました。

幸い、父が暮らせる施設が見つかっていたこともあって「もうこの家はいらないよね」と親子話し合いのうえ、売却することを決めたのでした。

ただ、今も覚えているのは、父が病院から施設へ移るときの会話です。

この先、父が家へ帰る機会はもうないだろうなと思ったので「家、見ていく？」と聞いてみたら、父は「いや、いい」と言ったのです。

帰りたくなるからそう言ったのか、本当にもう未練はなかったのか……今も、はっきりとはわかりません。

でも「全部お前に任せる」と言ってくれた言葉を信じて、私は「実家売却」という大仕事に乗り出したのでした。

父は知らない、頓挫寸前だった実家売却と引っ越し

実家売却と東京への引っ越しは、ほぼ同時に進みました。

ただ、同意してくれた父には言わなかったのですが、売却も引っ越しもまったくスムーズにはいきませんでした。

「どこかで誰かが意地悪してるんじゃないの？」と思ってしまうほど、信じられないことが信じられないタイミングで立て続けに起こるのです。

でも、これは私にとって必要な「浄化プロジェクト」だったのだと今は思います。

実家に戻って両親と暮らしている間、自分を内観しては思い込みを手放してきた私でしたが、それでもまだくすぶっているものは多々ありました。

売却と引っ越しの間に次々起きたトラブルは、それらをあぶり出す最終的な荒療治の

ようなものでした。

インスタグラムでは、そんな売却と引っ越しのことをできるだけ明るくライトにお伝えしましたが、実際にはどんなことが起きていたのかを、この本を手に取ってくださった方にだけお伝えしたいと思います。

部屋を貸してもらえない

東京へ行く決意を固めた私は、札幌で仕事を続けながら、空き時間に物件探しをしていました。

ただ、東京での働き口は決まっていなかったので不動産会社に頼んでも「無職？　うーん」という感じで、貸してもらえる物件がなかなか見つかりません。

実家はもう売買契約を済ませて、翌月の11月末には引き渡しをすることになっているのに……。賃貸はサラリーマンでないと難しいと実感しました。ましてやこれから売却する家のお金で借りよう、なんて女には、世間は厳しかったのです。

とにかく仕事を決めなければ部屋は借りられないと思った私は、函館で会社を経営している叔父のことを思い出しました。会社のホームページを見ると、東京オフィスがあるようです。さっそく「私を東京で雇ってくれませんか」とお願いしてみましたが、東京オフィスはコロナ禍で撤退してしまったということでした。

知人のレストラン支配人に連絡して「使ってくれませんか」と頼んでも、即答で「20代をさがしている」と言われました。

頼み込んで断られる自分をカッコ悪いなと思いましたが、東京で暮らすために「できることは全部やろう」と思っていたので恥ではありませんでした。

それでもなかなか部屋が見つからず、東京に私が暮らせる部屋はないかもしれない、東京をあきらめたほうがいいかもしれない……と思ったとき、最後の選択肢として浮かんだのが「UR賃貸住宅」でした。

収入など入居時の審査は厳しめですが、「入居者の平均月収額が基準月収額に満たない場合は1年分の家賃と共益費を前払いすればよい」という情報を知ったのです。

幸い、実家の売買契約を結んだときの手付金が入ってきていたので、それを使えば前払いはなんとかなります。

私はさっそく、物件を選びに東京行きの飛行機を予約しました。

部屋との出合い

私が内覧を決めた物件は、駅から遠くて、条件を見ただけでは気が進まない物件でした。それでもこれが私に与えられる部屋なら受け入れようと思い、内覧することにしました。

けれど担当者の方に、「本当は違う物件が希望だったんです」とつぶやくと、彼女は、「今すぐ〝そこのUR〟に電話してください！　もしかしたらネットには出ていなくても空室が出ているかもしれませんよ」と提案してくれました。

もう鍵の手配もしてくれたのに、今からほかの物件に問い合わせていいの？　と戸惑いつつ、言われるままに電話してみると、やはり空室はないということでした。ですが「別の物件で、とてもきれいな1LDKがひとつ空いているんですよ。そちらはいかがですか？」とすすめられたのです。

最初に内覧するつもりだった物件より駅近で、しかも高層階でした。私はゴキブリが怖いので、高い所に住みたかったのです。

「じゃあ、そちらのほうを見に行ってみます」ということになり、私は当初の予定とはまったく違う物件を訪ねました。


現地へ到着すると、周りには豊かな緑があり、そばに大きな木が立っていました。

私は花や緑が大好きで、「近くに公園や緑があるといいなぁ」と思っていたので、まさに条件にぴったりの物件です。

部屋に入って確認を終えた私は「ここにします」と、すぐに入居を申し込みました。

来る前はあれほど不安だったのに、たった一軒の内覧であっさり部屋を決められたのです。


ただ、大変だったのが入居手続きでした。

URは一般的な賃貸と違って、「一括払いの場合は、入居を申し込んだら即日現金で入金」という決まりになっていたためです。

私のメインバンクは北海道の銀行で、都内には一か所しか支店がありません。あわてて、東京駅の八重洲から大手町の支店に走りましたが、土地勘がないので広い東京駅で迷子になってしまう始末。

URの担当者さんが心配して待っていてくれて、なんとか入居手続きを完了できたのでした。

実家じまいと売買契約取り消しの危機

実家の引き渡しは当初12月末の予定でしたが、買い主さんの都合で年明け1月に延びました。

でも、私自身は予定通り11月末に東京へ行くことになっていたので、それまでにやれることは全部やっておかなければなりません。

最終的な片付け、ハウスクリーニング、仕事の引き継ぎ、そして自分の引っ越し準備、父の用事と、まさに未体験の忙しさでした。

引っ越しは、荷物が少ない単身者向けのプランで申し込んでいたのですが、想定外のダンボールの量になりました。そんな引っ越し前日、急に不動産会社から連絡が入りました。このとき、例のお隣との境界線の問題のことを言われたのです。

明朝引っ越すという、今このタイミングになって、何でそんなことを？　お隣の印鑑をもらえないと売買取り消しになると言われたって、もう手付金は使ってしまったのに！

本来は、万が一の売買契約取り消しに備えて、手付金は使わずにおくものだそうですが、私はURの前払いに充《あ》ててしまっていたのです。

そのうえ、引き渡し後に入ってくる残りの売却代金を当座の生活費にするつもりでいました。それがなくなったら東京でどう生きていけばいいのでしょう？

いざ足を踏み出そうとしたとたん、足元の道がパッと消えてしまったような気がして、私は途方に暮れるしかありませんでした。

時間との闘い

大変な知らせが飛び込んできましたが、とにかく引っ越しは明朝です。

そしてこの日、引っ越しの荷物の積み出し作業後、私は施設にいる父を耳鼻科へ連れて行く約束もしていました。「耳が詰まって聞こえにくい」と言っていたので、北海道を離れる前に、私が出来ることは全部済ませたかったのです。

ところが、作業は予定より時間が押しに押しました。

私の荷物が単身者プランの規定量を上回っていて、カーゴ（荷物用の台車）に載せきれなかったからです。

「あとはコンビニから出荷してください」。大型サイズのダンボール10箱を残し、引っ越し屋さんのトラックは走り去ってしまいました。

10箱のダンボールなんて、コンビニまでどうやって運べばいいの？　私、本当に今日中に引っ越せるの？

父との待ち合わせの時間は迫ってくるし、何よりこの日、私は絶対に東京行きの飛行機に乗らなければなりませんでした。

明日URで鍵を受け取らないと、その翌朝には部屋に荷物が到着してしまうからです。しかもその翌日は水曜で、URの定休日でした。

どうしてこんなギリギリのスケジュールを組んでしまったのだろうと悔やんでも、後の祭り。タクシーの運転手さんに手伝ってもらってダンボールをコンビニへ運び入れ、相当遅くなってから父の待つ施設へ駆け込みました。

「お父さん、車椅子に乗って玄関の前でずっと待ってたのよ」

施設のスタッフさんにそう言われ、かわいそうなことをしたと思いつつ、なんとか父を耳鼻科へ連れて行けました。

耳が聞こえるようになった父を施設に送り届けて、私は無事、新千歳空港行き列車に乗ることができました。家に戻って鍵をかけたか確認する時間はありませんでした。

無事飛行機が飛び立ったとき、窓から見た景色は忘れられません。

私の心には「父に精一杯のことをしてあげられた」という安堵感、そして「引っ越しをひとりでやりきれた」という達成感が生まれていました。

この先もし大変なことがあっても、今日のことを思い出せばきっと乗り切れる！

……そう思うくらい、もうめちゃくちゃな一日でした。

昨日、不動産会社から連絡のあったお隣の判子のことだけが気がかりでした。

父にはもちろん、一切話しませんでした。北海道にひとり残る父に、よけいな心配はかけられません。モヤモヤとした不安も抱えつつ、私は一路東京を目指しました。

父の容態急変

東京の新居に来てからの約1週間、荷解きをしながらも、頭の中はずっとお隣のことでいっぱいでした。

もし、売買契約が取り消しになってしまったら――？

気を紛らわそうにも、部屋にはまだテレビがなく、Ｗｉ‐Ｆｉもつながっていません。ＵＲへの前払金と引っ越し代で使ってしまって、お金もほとんどない有り様です。

心にもお財布にも余裕のない生活を送りながら、私はひたすら待つしかありませんでした。

期限当日は覚悟を決めて連絡を待っていました。結局、不動産会社の担当者から、無事に押印してもらえたと連絡があったのは、その日の夜のことでした。

ああ、これで心配事がひとつ減った。あとは、正式な引き渡しを終えれば、残りの代金を受け取れる……。

そう思っていたところ、またしても思いがけないことが起きました。年の瀬の12月29日に「お父さんの具合がよくないんです」と、施設から連絡が入ったのです。コロナに罹患したとのことでした。

父は、施設でも相変わらずよく怒っていたらしいのですが「怒る元気もなくて……。心臓が止まったときの心構えはしておいてくださいね」とのことでした。

年末で飛行機のチケットが取れない中、万が一のことがあったら、私は父を看取れません。それに、土地は私名義で家は父名義と、二人で売買契約をしているので、父が亡くなれば、売買の前にまず相続が必要になり、引き渡しが延期になってしまって、売買契約は白紙になるかもしれません。

私が何も話さなかったので、父は売却も引っ越しもすべてうまくいっていると思っていたでしょう。「もう死んでも大丈夫だ」と安心してしまったのかな、と私は泣きそうな気持ちになりました。

その後、年が明けてからも予断を許さない状況が続きましたが、お正月三が日を過ぎた頃、父は少しずつ元気を取り戻してくれました。

介護度は2から3へと上がりましたが、私は父と無事再会でき、実家の引き渡しもようやく終えられたのでした。

お金のトラウマとの闘い

あまりにも波乱万丈すぎた実家売却と引っ越しは、私自身の「お金のトラウマとの闘い」だったと思います。

「部屋を貸してもらえない」

「売買契約が反故《ほご》になるかもしれない」……。

一連のトラブルはすべて、お金に関する私の思い込みをあぶり出し、私に気づかせ、手放しをさせるために起こった出来事だったと、今ならわかるのです。

私のお金に関するトラウマは前世から引き継がれたもの。ですから、両親から「お金を触ったら手を洗いなさい。お金は汚いから」と言われて育ってきたことが原点というわけではありません。むしろ私がそういった観念やトラウマを持っているがゆえに両親は「お金は汚いよ」と教えたのです。彼らは亡くなった妹や私の娘たちにはそんなことは、一切伝えることはありませんでした。ですが、「お金は汚い」という観念を持っている人は、お金に触りたくないので、無意識に自分からお金を遠ざけようとしてしまうのだそうです。

さらに私は、結婚時代、株で大失敗したことを引きずり、自分で自分に罰を与えていた時期もありました。たとえば外食をしないとか、集まりに誘われても出かけないといったことです。「私は家族を不幸にした」「そんな私がいい思いをしてはいけない」という後悔や罪悪感から、自分を戒めようとしていたのでした。

株の世界で味わった、たった1円に振り回される辛さも、東京に引っ越した直後の生活で再現されました。手元にお金がほとんどないうえ、実家の売買契約が取り消しになるかもしれないという恐怖に晒《さら》され、まさに1円でも安いものを探して歩くような暮らしをしました。

「お金の余裕は心の余裕」といいますが、あのときの私のメンタルはもうボロボロでした。漫画やドラマで、傷ついて疲れ果てた主人公が人にバーンとぶつかられて転んだりするシーンがよくありますが、当時の私も本当にそんな目にあっていました。

恐れと向き合う

自分で決めた実家売却と引っ越しでしたが、次から次へとトラブルが起きる度に、私は正直、弱気になっていきました。

そんなときはいつもオラクルカードを引いて高次からのメッセージを受け取ろうとしました。すると必ず「通過儀礼（イニシエーション）」というメッセージが出てくるのです。

「あなたは通過儀礼（イニシエーション）を受けようとしています。

現在の段階からひとつ上の段階に移るとき、通過儀礼を受けることが求められます。

私たちはさまざまな面で進歩するために、すべてを失う覚悟で恐れと向き合わなくてはなりません」とカードには書いてありました。

「イニシエーション？」

「すべてを失う覚悟？」

「恐れと向き合う？」

まさにその通りでした。

「なんで私がこんな思いをしなくちゃいけないの!?」

と、私は半ばふてくされながらハイヤーセルフ（高次の自分）に悪態をつきました。

人は、エゴとスピリットという二つの意識を持って生まれてきているのです。

エゴは、肉体意識とも自我とも呼ばれる、顕在意識のことです。そしてスピリットとは、魂、高次の意識、潜在意識を指します。

私は今ここで、お金に対する古い恐れの思い込みを手放さなければいけないんだ。そうしなければ次へは進めないし、お金にもずっと苦しむことになる――。

一気に全部を手放すというわけにはいきませんでしたが、私にとっては人生に関わる大きな気づきでした。

そのおかげというべきなのか、東京へ引っ越した年の暮れ、思いがけないような出来事が私の身に起こったのです。

カードが示していた「通過儀礼（イニシエーション）」を通過したんだなぁ、と思いました。

思い出すとお腹が痛くなるような引っ越しの果てに

東京に引っ越して間もない、２０２３年12月末。

私は生まれて初めて「バズる」という体験をしました。

インスタグラムに投稿した１本のリール動画をきっかけに、私のアカウントが突然大勢の人に注目されたのです。

年の瀬に起こった奇跡

私が「ハナ子―バツイチぼっち60代はじめての東京暮らし」というアカウントを開設したのは、東京のＵＲで物件を決めた10月でした。

少し前から、私は「自分の体験や学びを発信したい」と思うようになっていて、インスタグラムについての勉強も始めていたのです。

まずは、東京への引っ越しのことを明るく伝えようと素材を撮りためてはいたのですが、実際は涙が出るほどしんどくて、あの日を思い出して動画を編集する気にはなれませんでした。結局、「引っ越し当日」というリールを投稿したのは、実際に引っ越してから約1か月が経った、12月28日のことでした。

ところが、その翌朝のことです。

私が最初に小さな声で「え？」と言ったら、年末を一緒に過ごすためにうちへ来ていた次女が、何かを察知したように飛び起きて私のインスタグラムを確認すると、二人で声をそろえて、

「え────!?」

と叫んでしまいました。

昨日まで15人程度だったフォロワー数が、一気に3千人ほどに増えていたのです。

その後も、インスタグラムを開くたびにフォロワーは5千人、1万人と増え続け、リー

ル投稿から20日経つ頃には、なんと7万人にも達しました。応援や共感のコメントやDMも、数百件は届いていたと思います。

インスタグラムの機能をまだよくわかっていなかったうえ、返信しようにもそのときは父の容態のこともあったので、私は何もできずに戸惑うばかりでした。

あれほど辛かった引っ越しがこんなことにつながるなんて……。

やっぱり、頑張って東京に来たことは間違っていなかったんだ、と初めて思えた瞬間だったかもしれません。

離婚し、実家を手放し、両親を見送り、そして生まれ育った北海道さえも離れ、ほぼ何もなくなった私は東京で、インスタグラムの中の「ハナ子」になれたのでした。

第4章

モノ、仕事、これからの暮らし

持ち物は少なく、「終の住処」も持たない。
木や花にエネルギーをもらう。
そんな生活が、今は気に入っています。

眠れることが第一条件

こうしてやっとスタートした東京でのひとり暮らし。

ここでは、日々の幸せのためにこだわっていること、そして徹底的な手放しを経た今の暮らしぶりなどについてお話ししたいと思います。

さて、元夫に建ててもらった注文住宅、娘と住んでいたアパート、粗大ごみ置き場のような実家、そして東京の賃貸……と、いろいろな住まいを経てきた私ですが、「住まい選びで譲れない条件は？」と聞かれたらまず初めに「安心して眠れること」を挙げます。

私には敏感なところがあって、その場に漂っているエネルギーをキャッチしてしまう面倒臭い体質だからです。

以前、都内のホテルに娘と泊まったときのことです。

案内された部屋は、もともと二つに分かれていた個室をつなげてひとつの部屋にしたらしく、改装のあとがあちこちに残っていました。

そこで横になってうつらうつらしていたとき、突然「どうして俺の部屋にお前たちが泊まっているんだ！」と、知らない男性の太い声が聞こえてきたのです。

はっと飛び起きた瞬間、部屋の一角が目に入り「ああ、元の部屋のあそこに男の人が寝ていて亡くなったんだ」と、直感的にわかりました。土地や建物には「残留思念」といって、以前その場にいた人の感情やエネルギーが残っているといわれますが、おそらく私はそれをキャッチしてしまったのでしょう。

それ以来、ホテルに泊まるときはひとりで部屋を取らず、ホステルのように複数人で1室を共用するタイプの宿泊施設を探すようにしていました。

「カーテンで仕切られただけのような空間に、知らない人と泊まるほうが怖い！」という方のほうが多いでしょうが、当時の私にとってはそのほうが安心だったのです。

結婚時代も眠れないことはよくありました。

というのは、元夫は病院勤務の医師で、入院中の患者さんの容態が急変すると、夜中でも病院から電話が容赦なくかかってきていたからです。

もちろん、起こされて駆けつける夫のほうが大変でしたが、そういうときは妻の私も落ち着いてはいられず、寝不足続きには困ったものでした。

そんなわけで、初めて東京へ部屋の内覧に行くときも「どうか安心して眠れる部屋であってほしい」と、私は強く願っていました。

導かれるようにして条件はクリアした部屋と出合えましたが、そこが本当に眠れる部屋かどうかは、実際に中に入って過ごしてみないとわかりません。

内覧のとき、私は部屋の中心に座って10分ほど目を瞑《つぶ》ってみました。URの内覧は、鍵だけ渡されて入居希望者がひとりで行くシステムなので、こんなことができたのです。

すると、「なんとなく気に入ったかも」という感じがしました。「気に入る」というのは、文字通り「自分の気が入る」ということなのです。

それで私は、一軒だけ見てすぐ「ここで暮らそう」と部屋を決められたのです。

住まい探しはどうしても、家賃、駅からの距離、広さ、日当たりといった条件を比較して決めるという、論理的な選択方法を迫られがちです。

でも、内覧をしたとき「なんとなく気に入らないな」とか「ここにいたくないな」といった感覚があったら、それを尊重してあげてください。

草木と花が私の隣人

私にとって、住まい選びに欠かせない条件は「眠れること」のほかにもうひとつあります。

それは、「草木や花がそばにある」ということです。たくましい木々や可憐な花々に触れていると、心がとても落ち着くのです。

北海道に住んでいた頃は、札幌の「円山《まるやま》公園」という、北海道神宮に隣接する桜の名所が、私のお気に入りスポットでした。

毎日のようにその公園を散策しては、大好きなハルニレの木に触ったり、台風が来そうだなと思ったら「台風が来るよ」と木々に伝えたりと、木を友達のように思っていました。

周りからは相当不思議な人に見えていたと思います。でもその頃は離婚したばかりで本当に心が弱っていて、木と触れ合うことが大きな癒やしになっていたのです。

加えてもっと不思議なことをいうと、しょっちゅう木々に触れていた頃は、感覚が鋭くなっていました。

たとえば、親しい友達が今どこにいるかがわかるのです。

友達から連絡が来るたび「今、京都?」「円山公園のスタバにいる?」などと先に私が言い当てるので「怖いからやめて」と言われていたものです。

「植物は知性を持っている」とよくいわれますが、もしかすると木々は、触れてくる私にいろいろな情報やメッセージを与えてくれていたのかもしれません。

また、木に触れることには「グラウンディング」の効果があると思います。

グラウンディングとは、自分と地球を意図的につなげて精神と肉体のエネルギーバランスを整えるワークのことです。

裸足《はだし》になって土の上や芝生を歩くことは、グラウンディングのワークとして世界中に広まっていますが、土にしっかりと根ざしている木に触れることにも同じ効果があると思います。

木は知的生命体で宇宙エネルギーを平和に変える働きがあると、私はひそかに信じています。

着心地　履き心地

私はアパレルで2年間、働いていた経験があります。
ですから「これは高見えする」とか「これはすぐ伸びてしまう」といった、服の目利きには少し自信があるつもりです。

そんな私のファッションに対する第一のこだわりは、「身につけていて心地よいかどうか」。

素材がチクチクしたり、パーツが肌に当たったりするものは、どんなに素敵なデザインでも買いません。結局着なくなって「タンスの肥やし」になってしまうからです。

そんなわけで、私はネット通販よりも実店舗派。実際試着して、肌ざわりを確かめてから、購入するかどうか判断するタイプです。

東京へ来るにあたっては、服はかなり整理してきました。

靴も、今持っているのは6足のみ。歩きやすいスニーカーが中心で、あとはお出かけ用のフラットシューズ、冬用のブーツ、雨の日のレインブーツと、実際によく履いているものばかりです。

以前は、華奢《きゃしゃ》なハイヒールも一応持っていました。ピアノが好きな私は、レストランでのコンサートディナーによく出かけていたので、ドレスコードの一足が必要だったのです。長く歩くとものすごく疲れるので、お店の前まではスニーカーで行って、店に入ってから履き替えて……という手間をかけても、当時はおしゃれをしていました。

でも、東京へ引っ越すときに「足が痛いハイヒールは必要ない」と、思い切って手放しました。

仮住まいのように暮らす

東京での暮らしもやっと落ち着いてきたところですが、心の中ではいつも「仮住まい」のつもりで暮らしたいと思っています。

「自分の城を持つ」「終《つい》の住処《すみか》を定める」といった言葉がありますが、今の私は、ずっと同じ場所に安住することにこだわってはいません。

というのも、先々何があるかは本当にわからないからです。

今は楽しく続けているインスタグラムも、ずっとこのまま続けるかどうかはわかりません。あるいは、本当にどこかへ移住するかもしれません。しないかもしれません。

だからこそ、なるべく身軽にしておいたほうが、必要なときに行動しやすくなると思っているのです。

ここで「せっかく見つけた部屋なのにもったいない」と執着したり、「また引っ越すのは大変だ」と理由をつけたりすると、人生の展開が止まってしまうように思います。

それならやはり「終の住処」にこだわるよりは、「仮住まい」のつもりで身軽に暮らすほうが、幸せには近づきやすいと思うのです。

人の持つエネルギーはとてもシンプルで、ボディメイクの教室に行くと、そこに通う人のネットワークとつながり、お花の学校へ行くとまた、そこに通う人のネットワークとつながります。そうやってエネルギー交換をしながら、ネットワークの平均的なものの考え方と同調するようになります。

住むところも同じ原理で、今はこのURに住んでいる人たちとのネットワークにつながって同じような考え方を取り入れているわけです。

そして次に何か大きな変化が起きたときには、また違うネットワークとつながってみたいと思っています。

「じゃあ、仮住まいのように暮らすってどういうこと？」

というと、やはりモノをなるべく増やさないことです。

暮らしに必要な家具や道具は買わなければなりませんが、今は身軽さを守るための「買い物ルール」を決めています。

そこで次は、私なりの買い物ルールについて詳しくご紹介します。

本当に「いいもの」は、手放しても惜しくないもの

買い物で「いい品物」といえば、一般的には「品質が高く、一生使えるようなもの」を指すと思います。

でも、私の買い物ルールは逆で、「すぐ手放しても惜しくないもの」がいいもの。

たとえば、今の部屋で使っているライスストッカー（米びつ）は、プラスチック製の安いものです。ライスストッカーといえば、ガラス製や琺瑯《ほうろう》製の丈夫で素敵なものがいくらでもありますが、「いつかここを出る」という視点では、手軽なものでいいのです。

あまりいいものを持っていると、いつか次の場所に旅立つとき手放しにくくなってしまいます。ダンボール10箱をコンビニに自力で運んだ苦い経験を、ここまで読んでくださった方はご存じですよね。

とは言っても、私は今でも「一生もの」といわれるようなものにちょっと縛られているなと感じることがあります。

ひとつは、私のインスタグラムにもときどき登場する大きなダイニングテーブルです。「こんなに大きな木が生えていたんだ」と驚くほど立派な一枚板で作られていて、財産分与のときに夫も欲しがっていましたが、じゃんけんに勝って私がもらいました。

家族4人で食事できるサイズは、今の暮らしには大きすぎて手放したいのが本音です。といっても、捨てるには品物が良すぎるし、フリマアプリやネットオークションに出すのも気が引けて……。

どう手放せばよいかわからず、ダイニングテーブルを見つめては考えあぐねています。


もうひとつは、母が買ってくれた着物です。

両親が暮らしていた実家には、日本舞踊を教えていた母の着物が山のようにあったことはすでにお話ししました。でも、母が一生をかけて集めた素晴らしい着物をすべて業者に引き渡すのはさすがに気が進まず、私のために仕立ててくれた一度も手を通していないものだけを、東京まで持ってきたのでした。それでもかなりの量で、着物を日常的に着ない人間にとっては、本当に荷が重いものです。

「いざというときに着るものがある」という意味ではいいかもしれませんが、その「いざ」が必ず来るとは限りませんし、洋服と違って着る前にも、着るときにも、着た後にも、保管にもお金がかかります。

それでも、いいものだけに簡単には手放せず、これもまた悩みの種になっているのです。

こうした経験から私は、

「これからはいつでも手放せる程度のものを買おう」

「この仮住まいに一生ものはいらない！」

と思うようになったわけです。上質なものでも「用途が限定されていない」「幅広い使い方ができる」というものなら、買うのもありではないかと思います。


結局、ダイニングテーブルと着物をどうするかは、今も未定です。

「一生もの」という価値観が合わない、変化の激しい時代になってしまいましたが、いつか大切に活用していただけそうな方に出会えたらと、ご縁を願うばかりです。

残される者のためにできること

私は今、62歳です。先が長いわけでもないからこそ、なるべくものを減らして身軽な暮らしを心がけているのですが、それは娘たちのためでもあります。

人が、残される家族のために最後にできるいちばん大きなことといったら、それは「持ちものを少なくしておくこと」だと思うのです。

たとえば「不動産は資産」といわれますが、欲しい人が現れない限り、お金に換えることはできません。

特に私の実家のような木造一軒家は、築後33年経つと、税法上、不動産価値がほぼゼロになってしまいますし、立地条件がよほどいい場所でもないとなかなか買ってもらえないものです。札幌のような都市部でも、家が売れずに苦労されている方は大勢いました。

うちの場合は、売り出したタイミングで内覧希望者が現れ、その方が気に入ってくださったのでとてもラッキーでした。もしもタイミングがずれて誰も家を探していないときに売り出していたら、こうはいかなかったでしょう。

また、買い手がついたとしても、不動産売買にはたくさんの手続きがありますし、さらには税金も支払う必要があります。私が大変な思いをしたので、家や土地を「資産」として残すことが、本当に家族のためになるのかというと、疑問が残るのです。

ですから私は、娘たちに家や土地を残そうとは思っていません。

残すなら、モノではなくお金。あるいは、すぐお金に換えられるものにしようと思っています。

娘たちがよく「おばあちゃん、着物なんか残さないで全部ロレックスにしてくれたらよかったのにね」と言うのですが、それはもう本当にその通りだったからです。

モノの取捨選択は親としての務め

人生は取捨選択といいますが、私は今、それをシビアにやらなければいけない年代を迎えていると思います。

自分にとっては大切で価値あるものでも、「市場価値」のないものは、持ち主がいなくなればガラクタ同然になります。そして、持ち主ではない第三者にとって、それらを処分するのは大変な仕事なのです。

私が味わったような苦労は、娘たちにはなるべくさせずに旅立ちたい。

「**モノを残さないのも親の務め**」と思って、常にシンプルに暮らしたいものです。

第5章

ニュートラルに生きる

「自分は、幸せになっていいんだ」

やっと、このことに気づけました。

私と娘

先ほど「親との問題はいろいろなところに影響する」とお話ししましたが、親へのわだかまりを抱えていた頃の私は、夫だけでなく娘たちともうまくいっていませんでした。

夫はともかく、娘まで他人のように思えてしまうのは辛いものです。

離婚後も、娘たちが「私の実家はママのうちだから」と言って私の部屋へ来るのですが、ずっと一緒にいると、それぞれ衝突してしまうのです。

どうしてだろうと思っていたとき、ある本に「親と自分の関係は、そのまま自分と子どもの関係にも映し出される」と書いてあるのを読んで、はっとしました。**親との問題を解決しないと、最愛の子どもともうまくいかないんだ**と気づいたのです。

私は、娘が部屋を散らかして片付けなかったり、言うことを聞いてくれなかったりするとどうしても許せず、いつもイライラしていました。

でも、思い出してみると、私の両親はとてもズボラで、家の中がいつもめちゃくちゃに散らかっていたのです。家に友達を呼ぶのが恥ずかしくて、かわりに私が片付けては「私はこんな風にならないようにしよう」と思っていました。

そうして「家は整理整頓されていなければいけない」という観念を強く持つようになった私は、娘にも「ちゃんとして」と強《し》いていたことに気づいたのです。

「ちゃんとしないと大変なことになるよ」という強迫観念は、整理整頓以外のことにも及んでいたと思います。

娘を自分の枠に当てはめ、完全に管理下において「あなたのためだから」と道に落ちている石ころを先に拾って歩くような育て方をしていたので、娘とぶつかるのも当然でした。

でもそれも、私自身が親への思いを改善していくうちに、解消されていきました。

起業塾に入っていた頃、『7つの習慣』（スティーブン・R・コヴィー・著）の読書会に参加していました。ひとりで読むと脱落してしまいそうな難しい本を、みんなでシェアしながら最後まで読もう！　という会だったのです。

その本に、「自分が棺《ひつぎ》に入ったときに読んでほしいのはどんな弔辞ですか？」という話が出てくるのですが、参加者のおひとりが「ママはいつも私の味方だった」と娘に思ってもらいたいと発言されたのが心に残りました。娘との関係に悩んでいるときでした。そのとき、「私も同じように思ってもらいたい！」と感じ、そしてこれからは「その未来が現実になるように娘と接しよう！」そう思いました。


私の母は「子どもは親のもの」で「親は子どもに何をしてもいいのだ」という持論の持ち主でした。

私は心の中でいつも「違うだろう！」と思っていました。母はいつも自分の価値観を押し付けたり、言うことをきかないと大変な目に遭うよと脅したりしました。それが嫌で逃げ回っていたのです。

でも、もし母がいつも味方でいてくれたら、私はどんなに心穏やかな日々を過ごせたことでしょう！

今世、親子として生まれた者同士でも、魂は別で、生きる目的も別。クリアすべき課題も違います。

過去世では足を引っ張ったり、引っ張られたりしたのかもしれません。

でも今は、私を母に選んで来てくれた大切な娘たちの、いつも味方でいたいと願っているのです。

娘との同居

そんな娘からある日、「ママのところへ引っ越していい？」と連絡が来ました。

前年のクリスマスイブに、ショートケーキひとつが買えずに二つ買ったという話をしたら、胸が張り裂けそうになったそうです。

「帰りたくても帰れる実家がない」とこれまで何度もこの子に言われていましたが、「いいよ。ママのうちからお嫁に行く？」「ここでしばらくゆっくりする？」と歓迎しました。

実は彼女の前世も見たことがあります。前世でも私たちは親子でしたが、離れ離れになって早くに生き別れていました。「今世では母との時間を大切にしよう」と決心して来てくれたのかもしれません。

関西での暮らしを整理して、彼女もたくさんモノを手放して、今、東京でピアノの講師をしています。

自分を信頼できるようになるには

直感を受け取る準備

フォロワーの皆さんから、

「ハナ子さんはどうして自分の直感に従って行動できるんですか？」

「私は自分で自分を信じられません」

といったコメントをいただくことがあります。


東京に来ると決めるまで、「これがやりたい」と思うことがあっても、自分の直感や決断を信頼しきれず行動できないのは私も同じでしたし、今でもそういうときはあります。

自分を信頼できるようになるには、まずは自分の中にある否定的な思いを、ひとつでも二つでも手放し、身軽になることが大切です。どこかで自分を否定するような感覚を持ったままでは、自分の直感を信じることは難しいからです。

それに、トラウマや確執が残っていると、直感を受け取るアンテナも曲がってしまいます。

私は「周波数」や「エネルギー」という言葉をよく使い、「同じもの同士が引き合う」という法則を信じています。トラウマや確執が残ったままの低い周波数でいると、同等のエネルギーを持ったものしかキャッチできないのです。

でも、トラウマや確執を手放して波長が上がれば、受けるべき情報をどんどんキャッチできるようになりますし、行動するエネルギーも湧いてくるでしょう。

アンテナのケアをするには、グラウンディングがとても大切です。

グラウンディングとは、自分と地球を意図的につないで精神と身体のバランスをとることを言います。

公園の芝生に立つこともグラウンディングですし、砂浜を歩くこともグラウンディングです。靴のままよりは裸足が良いと言われています。

自分の足から出た光のコードが地球の中心へと繋がっているイメージをすることも、グラウンディングになります。都会に住む私は、いつもイメージの中で地球の中心と繋がるグラウンディングをやっていますが、ときどき無性に本物の海や草木と繋がりたくなります。

先が見えないとき

「先を見ようとしない」ということも大切です。

私たち人間は、生まれるときに「今回はこういう人生にしよう」というブループリント（青写真。おおまかな計画のこと）を持って生まれてくるといいます。

ですから、人生の分かれ道に来ると「次はこっち」「今度はあっち」と、進むべき方向にスポットライトが当たるようになっているといいます。でも、それより先は見えないというのです。

私の場合でいうと、「東京へ行く」というところにスポットライトが当たっているのは見えましたが、その先は見えていませんでした（今も見えていません）。だからといって、失敗を恐れて北海道にとどまっていたら、今の「ハナ子」はきっといなかったでしょう。

先が見えないのは、この世では誰しも当たり前のこと。

「先が見えないと信じられない」という不安を手放して、スポットライトが見えたら「よし！」と進める自分でいられさえすれば、それでいいのだと思います。


そんな私は今、東京でフローリストの勉強を始めました。

「お花屋さんのハナ子として才能が開花する」とか「超人気のお店が開ける」という未来が見えたからではありません。

「花を学ぶ」ということにワクワクして眠れないほどだったからです。

お花を学ぶことにスポットライトが当たったのだと思いました。

この道の先がどうなっているのかということは気にせず、今はただ、大好きなお花と向き合うことに集中して楽しもう、と思っています。

ネガティブなことが起こる意味

以前インスタグラムのストーリーズで「ネガティブなことが起きる意味はなんでしょうか？」という質問に回答したことがあります。

人生毎日まじめに頑張って暮らしていても、ときには、「どうしてこんな目に遭わなくちゃいけないの？」と思うことは起きるものですよね。

なぜそんなことが起きるかというと、私たちはまだまだ未熟で、心の奥深くには本人が気づいていない不安や恐怖などのネガティブな思いを隠し持っている、そのことに気づかせようとして、表面意識に上げて「解決させたくて」、起きているのだと思います。

実家売却のトラブルも、引っ越しのハラハラも、私が隠し持っていた「恐ろしいこと」をあぶり出して私を困らせましたが、「私はこんなことを恐怖に思っていたなぁ」ということに気づかせてくれました。

不快な出来事は、「ここに気づくべき観念があるよ」と教えてくれているのです。

このように「気づき」→「自覚」→「手放す」を繰り返していくと出会いは変わるし、すれ違う人も変わる、電車で隣に座る人まで変わるのです。

人生で起きることは、すべて経験。ただ、なんらかの気づきを自分に与えてくれているのだと思えれば、落ち込みすぎたり怖がりすぎたりせずに済みます。

ニュートラルに生きる

日々を穏やかに生きるために、私が今いちばん意識しているのは「ニュートラルでいる」ということです。

「周りで何が起きても動じない」。そんな人になりたいと日々思っています。

強く「嫌だ！」と思うことは、そこに強くエネルギーを注ぎ込むのと同じこと。

ですから**「やだやだやだ」と思えば思うほど「好き好き」と同じことになります。**観念を強化し、ついには具現化する力までを与えてしまいます。

「好きだなぁ」という穏やかな好意と、「彼のいない人生は考えられない」とか「絶対誰にも渡したくない」といった執着とでは、エネルギーは変わってくるからです。

執着は「好き」と似ているようですが、「失うのが怖い」という強い恐れのエネルギーです。そんな感情をお相手に注ぎ続ければ、恐れはいずれ目に見える現実になって、欲しいものは絶対に手に入らないでしょう。

今、誰かに恋をしているけれど、楽しくなくてモヤモヤすることのほうが多い、ということはありませんか？

そういう場合は、自分がお相手に向けている感情が「喜びのエネルギー」なのか「恐れのエネルギー」なのかを、見つめてみるといいかもしれません。

過去世において、お金で辛い体験をした人は、やっぱり今世においてもお金のことがとても苦手です。自分の中にあるからです。

また、過去世で家族を失った経験のある人は、今世でも家族を失うんじゃないかと、とても怖いのです。その記憶があるから、トラウマになって残っているからです。

だけど、怖い怖いと思い続けているのは、そこに力を注いでいる状態といえます。

「そうなってほしい」という祈りと同じくらいの力を持ってしまうのです。

でもその記憶が消えると、不思議なほど苦手意識も恐れも消えてしまいます。

だから、自分と向き合う。自分の中の観念や思い込みを見つける。そして手放す。

そうすると、外側から起きて来ることに対して「動じなくなる」「反応しなくなる」。

それが「ニュートラルでいる」ということだと思うのです。

そして、自分を悩ませていたことも効果的な対処方法が見つかったり、次第に解決に向かっていくのです。

思い込みや意識の手放しというのは、自分から遠いところにその原因を葬り去るのではなく、拒絶をやめて「受け入れる」という意味を持ちます。受け入れられたものは、常に自分の管理下に置かれ、悪影響を与えることができなくなるのです。

毎日が私を幸せにするためのゲーム

離婚後に起業塾に入っていたとき、私は講師から「自分が与えないと与えられないんだよ」と言われたことがありました。

「なるほど。たくさんの人を応援しないと、自分も応援してもらえない。善意をあげないと、善意で返してもらえない。人を助けることをしなくては、助けてもらえないんだ」

そう思った私は、いろいろな人の応援をしました。その頃やっていたSNSは、人を応援する投稿ばかり。自分の発信はそっちのけです。

でも、ずっとあとになってから「私の考えは間違っていた」と気づきました。

「自分が与えないと人から与えられない」というのは、「自分が相手に与える分しか、相手からはもらえない」という意味ではありません。

正しくは「自分が自分に与えるものしか与えられない」ということなのです。「人を幸せにしないと自分は幸せになれない」などというのはまったくの誤解で、「自分は幸せになってもいい」という許可を自分に出してあげなければ幸せにはなれないよ、というのが本当の意味だと思うのです。

「幸せになってもいい」という許可を出す

私が誤解してしまったのは、その頃の私が、まだ自分を幸せにする許可を出せていなかったせいだと思います。

許可できなかった理由は、今までお話ししてきたような自己否定感や自覚のない後悔や怒り、悲しみ……そして罪悪感です。

心理療法を続け、深く自分自身の潜在意識に潜っていったとき、私は過去世で起こった不幸な出来事を現世でも体験しているのだと思いました。何度もお話ししているように、両親のこと、夫や娘との関係、株で大損して家族に迷惑をかけたことなどについて、とにかくいろいろな思い込みがありました。

そうしたことが心にこびりついていて、自分を罰しようとし続けていたのです。

今は、ようやく「自分は幸せになってもいい」という許可を出せるようになってきました。それでもつい、自分を後回しにする癖は出てしまうので、毎日が「自分を幸せにするゲーム」だと思って暮らしています。

たとえば、遠方へ行く用事ができたとき、あなたはどんな風にスケジュールを組みますか？　交通手段はどうしますか？

こんな日常の選択すべてが「自分を幸せにするゲーム」なのです。

私は以前、札幌で用事があったとき「お金がもったいないから1泊で帰ってこられるスケジュールにしよう」と、自分に無理をさせました。

その結果、旅の終わり頃にはヘトヘトに疲れ果てて帰ってくるはめになり、体力が回復するまでにもずいぶん時間がかかってしまいました。

こんなことになるなら、もっと余裕のある日程を組めばよかったし、道中で足が疲れたときも「地下鉄の座席で座ればいいや」ではなく、ちゃんとお茶を飲めるところで自分を休ませてあげればよかったと、心底反省したのです。

ちなみにこれは私の持論ですが、**「心身の疲れ」と「ネガティブな出来事」は、周波数が似ていて引き合う**ようです。

娘が関西の大学へ進学したとき、引っ越しを手伝いに行った私は、ボロボロに疲れ果てました。そして夜になってホテルにチェックインしたら、達成感や幸福感に満ちていたにもかかわらず、バスルームのバスタブが前泊者の垢だらけだったということがあったのです。

疲労は、怒りや後悔、罪悪感と同じものかもしれない、そう感じた出来事でした。

それから、日々起こる問題や、人間関係も「自分を幸せにするゲーム」のひとつだと思っています。

ザワザワしたり、イラッとさせられたりしたときは、自分が隠し持っている思い込みと向き合うチャンスです。

どんな思いを解決させたくて、その問題がでてきたかを考えることにしています。

たとえば娘と共同生活を送っていくうえで、「こんなこと言うと関係が悪くなるかも」と思う場面は何度もあります。でも「もやもや」を感じた時はその都度、伝えるようにしています。

自分の思いを押し込めて後悔したことがあったから、今、ここでまた試されているように感じるのです。

小さな違和感を感じたときはそのままにしない、自分に理不尽な我慢をさせない、ということはいつも心がけています。

ただ、むやみに自分を甘やかすことは「自分を幸せにするゲーム」とは違います。

たとえば、毎日のように甘いものを食べたいだけ食べてスイーツ三昧することは、自分の心と体にとって本当に幸せでしょうか？

この場合は、甘いものを食べることで満たされない何かをごまかしている自分に気づいて、それを解決してあげることが、本当の自分の幸せにつながるのではないでしょうか。

思えば、人生はずっと「自分を幸せにするゲーム」の練習だと思います。

自分のレベルが上がれば、まだ隠し持っている不安や恐怖に見合った手強い通過儀礼が現れるでしょう。

だけど、いつもゲームをあきらめないこと。その繰り返しで、幸せで強い自分になっていけるのだと思います。

ひとりでもひとりじゃない感覚

私は目に見えない世界のことを信じているので、ひとりでいても「ひとりぼっちだ」と不安に思うことは、今はありません。

まだ私が自らの不幸にばかり目を向けていた頃、

「もし私がひとりじゃなくて助けがそばにいるなら、証拠を見せてほしい」

と祈ったことがありました。

すると買い物に行く途中、白い羽根が落ちていたのです。

当時読んでいた本に、「天使はいる」というメッセージとして「白い羽根を見せることがある」ということが書いてありました。「まさか」と思ってまた同じように祈ると、次の日もまた白い羽根に出合ったのです。買いものに行く往復10分の道すがらでした。

このときは涙が止まりませんでした。

それから私は、見えない世界に興味を持つようになりました。

さらにいうと、「私」という存在自体も、実はひとりきりではないと思っています。「パラレルワールド（並行世界）」といって、この世界だけでなくたくさんの世界が同時に存在しているという話は、聞かれたことがあるでしょうか？

「離婚していないハナ子」も存在していて、
「まだ北海道に住んでいるハナ子」も存在している。
「海外で活躍しているハナ子」もいる。

というように、たくさんのパラレルワールドがある中、「今、この一瞬」の意識がどうあるかで、次にアクセスする世界が決まるのだそうです。

「今、この一瞬」の意識を高く持てていれば、次の瞬間、その次、その次と今より高いところへ移行しますし、逆に低ければ低いところへ移行するといいます。

自分は、今、ここにいる自分だけではない。もっと幸せな自分も存在していて、意識の持ちようでそうなることもできる。

そこで出会う人だって、違う。

そう思うとワクワクしませんか？

もしどうしようもないほどの孤独に襲われたら、決してひとりではないことを思い出してほしいと思います。

目に見えない世界では、私たちはひとりではなくて、無限のつながりがあり、それらを選べるのです。

私は、本当にそう信じているから怖くないのです。

目に見えないものに比べたら、目に見えるものなどほんのわずかです。

そのわずかなものに振り回されて、孤独感に苛《さいな》まれたり自分に絶望したりするくらいなら、目に見えなくとも「ある」ものを支えにしてもいいと思うのです。

愛する存在を失ったばかりの方、自分はいつもひとりぼっちだと思っている方。そんなあなたに、どうかこのメッセージが届いてほしいと思います。

望みがあるのに動けないときは

「望みがあってもどうしても動けない状況にある」という方もいるでしょう。

たとえば、行きたいところがあるけれど高齢の親がいる、ご自身が病気であるなど、いろいろなケースがあります。

もどかしく辛い状況ですが、それは「まだそこでやることが残っているので、あえて動けないようにされている」ということだと思います。

私も、両親についてクリアしなければならない課題があった間は、東京にもフランスにも行ける状況ではありませんでした。


そういうときは、むしろ無理に動かないほうがいいのですが、ただ機が熟すのを待っているだけだと状況は変わりません。

「課題がある」ということに、自分で気づかなければならないのです。

自分が置かれている今の状況を見つめて、

「○○さんのことをこんな風に思うのはなぜだろう」

「こういうことにストレスを感じるのはなぜだろう」

なぜだろう、なぜだろう……。

何度も何度も自問を繰り返して、もう手放してもいい観念やトラウマを抱えていないか、探してみましょう。

「いつ、どこで」そう思ったのかを探る

自問についての大切なポイントのひとつは「いつどこで、こんな考えが自分の中に入ったのか」を探ることです。

誰でも、生まれたばかりの赤ちゃんのときは、まっさらで、何の観念も持っていなかったはずです。でも、成長していく過程ではいろいろなことが起こります。

私もお話しした通り、子どもの頃に両親から「お金は汚いから触ったら手を洗いなさ

い」と言われていましたが、いつしか誰にそう言われたのかを忘れて「お金は汚い」という思い込みだけを握りしめていました。でも、「いつ、どこで」を探して自問を繰り返していったら、そう思い込むようになったいきさつを思い出せたのです。

そしてもうひとつのポイントは、あくまで**「自分はなぜそう思うのだろう?」と問いかけるということです。**

たとえば、私は以前「家族の犠牲になっているみたいだ」とよく思っていました。でも、そこで「どうして家族は私を犠牲にするのだろう?」と問うのではなく、「自分はどうしてそういう風に思うんだろう?」と問うのです。

私の場合、「どうして『犠牲になる』という思いが出てきたんだろう」と問い続けてみたら、「働かないと家族に認めてもらえない」と思っていたことに気づきました。母に「お前なんか」「何様だと思っているの」と言われることが多かったのです。でもそれは私ではなく、母の観念でした。人の役に立たないと存在価値がない、と思い込んでいたのです。

私はどんなに疲れてヘトヘトになっていても、ご飯の用意や後片付け、掃除洗濯などもきっちりやって、「こんなに完璧に家事する人は見たことない」と、義母によく言われていました。でも本当は、どんなにサボったとしても私たちは「今、ここ」に存在するだけで価値のある存在なのです。

時間はかかりますが、こうして課題の解決に取り組むと、身辺がクリアになってきます。すると「今だ」「今なら動ける」というインスピレーションが、きっと降りてくるはずです。そのときこそ、行動しましょう！

どんな小さな一歩でも、一歩には変わりありません。資料を集めてみる、説明会に参加してみるなど、できることからチャレンジしてみてください。

怖さの中を歩く勇気

東京で暮らすことが自分の選択肢に入って来たときは、本当に怖かったものです。今思えば、外国ではなく日本なのですから、言葉は通じるし、手続きもお役所がちゃんとやってくれるし、怖がることなど何もなかったかもしれません。でも、生まれたときからずっと北海道で生きてきた私は、怖くて仕方ありませんでした。

実家を売るときも、恐怖の連続でした。障害が現れる度、オラクルカードに「これはあなたに必要な通過儀礼」というメッセージが現れると、もう腹が立って「私やめるから！　こんな思いばっかりさせて！」と、ハイヤーセルフに向かって怒っていたくらいです。今は、「怒ってごめんね」と思っています。

「**変化を起こすときは怖さの中を進むもの**」という言葉を聞いたことがあります。その言葉を知っていたから、私は怖くても、それこそ泣きながらでも、正しい道だと思って前に進めたのです。

私たちが行動を恐れるのは、先が見えないからですね。

先ほど、人生の分岐点に現れるスポットライトのお話をしましたが、私たちは「その先」を知りたがります。「この先は安心だという道筋が見えない限りはそっちに行かないよ」と、手前で駄々をこねるのです。

でも、みんな先の未来は見えません。

スポットライトを信じて進んでみる。そして、行った先でまた次のスポットライトを見つけるしかない、と私は思っています。

離婚した私は、そのときこそ辛かったものの、今では新しい幸せを手に入れています。私は初めて自分の人生を生きられるようになりましたし、元夫は元夫で幸せに楽しく暮らしているようです。

無我夢中で離婚したときは「自分はなんということをしてしまったんだろう」と思っていましたが、**スポットライトの先にはちゃんと道があったのです。**

フォロワーさんからは、

「怖くてどうしても進めません」

「ハナ子さんみたいな勇気はありません」

といったメッセージをいただくことがあります。


先日見たドラマの中で、こんな場面がありました。


「アウトを恐れてバットを振らない。

そうやってためらい続けるとやがて敗者になってしまいます」


「勇気を出すのです。

バットを振れば、ホームランになる可能性もあります。

現在、9回裏2アウト満塁。

あなたは、どうしますか?」

何を隠そう、私もときどきアウトが怖くて足がすくむことがあります。

ただ、バットも振らないで負けるなんて、それだけは嫌だなと思うのです。

未来は今の積み重ね。「今、ここ」の過ごし方で1時間後、明日、1週間後、1か月後の未来が変わります。


私たちは決して、無力でちっぽけな存在ではありません。現実を変えるための方法を知らなかっただけなのです。

手放して、受け入れて、自分の心に忠実になる——。

その先には必ず、私たちが夢見た未来があります。

次は、あなたの番です。

離婚するときに夫とじゃんけんして勝って、私がもらうことになった旭川家具のテーブル。立派な一枚板で作られています。動画の編集をしたり、日々の Instagram の投稿はこのテーブルで。今の生活には大きすぎるので、私よりもこのテーブルにふさわしい持ち主が現れてくれたら……と思っています。

あちこち見て歩いたけれど気に入ったものがなく、額縁店でオーダーした姿見。フレームには木を使っています。過去に見たローラ アシュレイのインテリア広告がとても素敵で忘れられず、古きよき時代の英国、そんなイメージで作りました。

ハナ子（ハナコ）

インスタグラマー、動画クリエイター。1962年、北海道夕張郡栗山町生まれ。短大卒業後、病院の事務職や企業の秘書などを経て30代で結婚。50代での離婚後は、セラピストなどを経験。60歳を過ぎてそれまで縁もなかった東京に単身上京を決意し、不用品の巣窟だった実家を売却。Instagramでの東京への引っ越し当日の動画投稿が反響を呼び、15人だったフォロワーがわずか20日間で7万人以上も増加した。バツイチ60代シングルのはじめての部屋探しや、東京での日々の暮らしの投稿が注目を集めている。

ハナ子｜バツイチぼっち60代はじめての東京暮らし
Instagram：@ hanako_minimal
TikTok：@ hanako_jp
YouTube：@hanako_tokyo

60代《だい》、ひとり暮《ぐ》らしのはじめかた
ぜんぶ捨《す》てて、人生後半《じんせいこうはん》が輝《かがや》きだした

2025年3月11日　初版発行

著者　ハナ子《こ》
発行者　山下直久

発行　株式会社 KADOKAWA
〒102-8177　東京都千代田区富士見2-13-3
電話 0570-002-301（ナビダイヤル）

印刷所　TOPPANクロレ株式会社
製本所　TOPPANクロレ株式会社

●お問い合わせ
https://www.kadokawa.co.jp/（「お問い合わせ」へお進みください）
※内容によっては、お答えできない場合があります。
※サポートは日本国内のみとさせていただきます。
※ Japanese text only

定価はカバーに表示してあります。

ISBN 978-4-04- 897871-2　C0095